懐かしい沿線写真で訪ねる

総武線・京葉線
街と駅の1世紀

生田 誠 著

◎両国駅に停車中のキハ25による編成の準急「京葉」(昭和35年)　撮影：伊藤威信

アルファベータブックス

CONTENTS

まえがき……………………………………4	稲毛……………………………………48
東京……………………………………6	西千葉…………………………………50
新日本橋・馬喰町………………………8	千葉……………………………………52
錦糸町…………………………………10	東千葉・都賀・四街道…………………56
亀戸……………………………………12	物井・佐倉………………………………58
平井……………………………………14	南酒々井・榎戸・八街・日向・成東・松尾………60
新小岩…………………………………16	横芝・飯倉・八日市場・干潟・旭・飯岡・倉橋……62
小岩……………………………………18	猿田・松岸・銚子………………………64
市川……………………………………20	両国……………………………………66
本八幡…………………………………24	浅草橋…………………………………70
下総中山………………………………26	秋葉原…………………………………72
西船橋…………………………………28	御茶ノ水………………………………74
船橋……………………………………32	八丁堀・越中島・潮見…………………76
東船橋…………………………………36	新木場・葛西臨海公園…………………78
津田沼…………………………………38	舞浜・新浦安・市川塩浜………………80
幕張本郷………………………………42	二俣新町・南船橋・新習志野…………82
幕張……………………………………44	海浜幕張・検見川浜・稲毛海岸………84
新検見川………………………………46	千葉みなと・蘇我………………………86

本書内の「現在」は、原則として本書発行時点を意味します。
本文の駅概要欄の「乗車人員」は2013年の数値で、降車人員を含みません。

総武線沿線地図（昭和9年）東京中心日帰り一・二泊鳥瞰式旅行用図より

戦前の時刻表と沿線案内図

総武本線・成田線

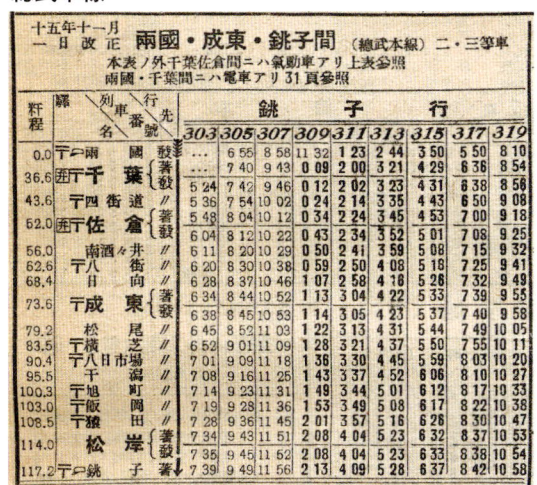

総武本線

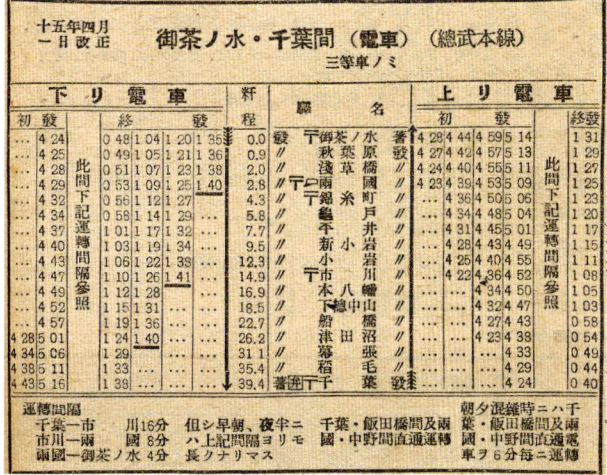

総武本線（電車区間）

昭和47年の総武快速線開業まで運転されていた101系快速電車。

佐倉から成田線に乗り入れる113系の普通列車としては珍しい成田空港行き。

まえがき

　隅田川が流れる東京、利根川が流れる銚子、関東を代表する大河の河口にある２つの街を結ぶ鉄道路線がJR総武線である。具体的にいえば、日本の中心都市である東京を出て、船橋、津田沼、千葉などを経由し、関東平野の東端である港町、銚子に至る鉄道路線ということになる。

　歴史をさかのぼれば、江戸時代以前から関東を流れる利根川、荒川、隅田川などの川の流れが整備され、現在のような水路が形成されてきた。その中で、江戸（東京）を出て千葉方面の銚子、さらに上流の利根川の流域各地に向かう水路を結ぶ水運が開発されてきた。明治以降、この水運を帆船に代わり、通運丸をはじめとする蒸気船が担うことになったが、天候などに左右されない陸運、鉄道の建設が急務となり、総武線の前身である、総武鉄道が創立されたのである。

　この総武鉄道は、日清戦争が勃発する明治27（1894）年７月にまず、市川〜佐倉間が開業している。同年12月には市川〜本所（現・錦糸町）間が延伸し、東京と千葉が結ばれた。その３年後の明治30（1897）年６月には佐倉〜銚子間が開業し、現在の路線がほぼ完成している。日露戦争が始まる明治37（1904）年４月には、本所〜両国橋（現・両国）間が開通し、東京側のターミナルは両国橋駅となった。こうして路線を伸ばした総武鉄道だが、明治40（1907）年に国有化され、明治42（1909）年10月に総武本線と名付けられた。

　ここで少し、千葉県内の鉄道に目を移せば、明治29（1896）年２月に開業した房総鉄道は、総武鉄道と同時に国有化されて、房総線となっている。一方、明治30年１月に開業した成田鉄道は、国有化が遅れ、大正９（1920）年９月に国鉄の成田線となっている。また、日本陸軍の鉄道連隊が千葉に移され、千葉に第一連隊、津田沼に第二連隊が置かれたのも大きな出来事である。この演習線の一部が現在、新京成線となっている。

　　　　　◇　◇　◇

　総武鉄道の開業時には、途中駅の数は多くなかったが、明治28（1859）年に中山（現・下総中山駅）、津田沼駅、明治32（1899）年には平井駅・小岩駅・稲毛駅などが開業している。明治37年には亀戸駅も開業し、東武鉄道との連絡駅となった。国有化された総武本線は、明治40年８月に両国橋〜亀戸間が複線化され、明治41（1908）年10月には、亀戸〜千葉間の複線化も完成している。しかし、首都圏の路線としては電化が遅れ、蒸気機関車が牽引する列車が運行されていた。
昭和７（1932）年７月、待望の両国〜御茶ノ水間の延伸が実現し、両国までの電車運転が行われるようになった。電化区間はその後、順調に延びて、昭和８（1933）

◎稲毛駅、修学旅行の一行（大正期）

◎成東駅（大正期）

年３月に市川、９月に船橋まで、昭和10（1935）年７月に千葉まで到達した。こうして、御茶ノ水〜千葉間は総武線の緩行電車の運転区間となったのである。

　房総方面と千葉以東の総武線は電化されないままで、戦後は気動車（ディーゼルカー）の運転区間となっていく。両国・新宿から銚子に向かう準急「京葉」１号・２号や「犬吠」１〜４号、「水郷」１〜４号などの準急も、気動車の運行だった。こうした優等列車が走る千葉以遠の総武線、成田線、房総東線・房総西線が電化されるのは、昭和43（1968）年以降のことである。

　一方、ベッドタウン・宅地化が進んでいた東京の城東地区、千葉県北部に至る鉄道は整備が遅れていたが、都電、都バスに変わる営団地下鉄（現・東京メトロ）の東西線が昭和44（1969）年に全通し、すでに乗り入れが開始されていた中央線に加え総武線との相互乗り入れも実現する。また、湾岸地域を通る京葉線が平成２（1990）年に東京〜蘇我間で全線開通し、西船橋（支線）と蘇我で総武線、内・外房線と接続することになった。また、国鉄では西船橋駅から延びる武蔵野線が誕生し、京王線新宿方面から延びてきた都営地下鉄新宿線も本八幡駅で総武線と接続をはたしている。戦後、総武線には西船橋駅・東船橋駅・幕張本郷駅・東千葉駅・都賀駅などの新駅も誕生している。

◇　◇　◇

　現在の総武線は、緩行線を走る各駅停車のほか、快速線を走る快速、成田エクスプレス、特急「しおさい」「新宿わかしお」「新宿さざなみ」など、多様な列車が運行されている。このうち、「しおさい」は銚子駅まで総武線内を運転されるが、成田エクスプレス、「新宿わかしお」「新宿さざなみ」はそれぞれ、成田線、外房線・内房線に向かうことになる。以前は東京駅を発着する「わかしお」「さざなみ」も総武線を通っていたが、現在は京葉線を経由している。また、東京・御茶ノ水〜千葉間は電車特定区間の複々線、千葉〜佐倉間は複線で、佐倉・銚子間は単線区間となっている。

　21世紀に入っても発展を続ける総武線では、千葉、新小岩、御茶ノ水駅などで駅舎の改良工事が行われている。このうち、昭和38（1963）年に現在地に移転し、約半世紀が経過した千葉駅の大規模な改良工事は、平成28（2016）年夏に新駅舎が完成予定で、平成30（2018）年春の駅ビル全面開業を目指している。

2015年５月　生田　誠

◎八街駅付近、線路工事（昭和戦前期）

◎四街道駅前、凱旋門（明治後期）

とうきょう
東京

昭和47年、丸の内に地下ホーム誕生
新幹線、東海道線、中央線などに連絡

開業年	大正3(1914)年12月20日 総武地下 昭和47(1972)年7月15日 京葉地下 平成2(1990)年3月10日
所在地	千代田区丸の内1-9-1
キロ程	0.0km(東京起点)
駅構造	高架駅・地下駅
ホーム	総武地下：2面4線　京葉地下：2面4線
乗車人員	415,908人

東京駅南側周辺（昭和戦後期）
京橋付近から丸の内方面を望む風景。手前に見えるビルは千代田生命館。奥には東京駅のホーム、東京中央郵便局、三菱銀行本店などがある。

撮影：山田虎雄

地下駅工事中の東京駅（昭和45年）
総武線の東京駅乗り入れを目指して、地下駅ホームの工事が進められていた丸の内口。「深さ28M、地下5階」とPRされていた。

撮影：小川峯生

総武快速線地下ホーム（昭和53年）
京葉線開業前なので内・外房線を目指す房総特急もこのホームから発着していた。右は「わかしお」左は茨城県の鹿島神宮行き「あやめ」。

　東京駅は総武線の始発駅であるが、歴史的に見ると、総武快速線が東京駅地下に乗り入れたのは昭和47(1972)年7月とさほど古いことではない。その後、昭和51年品川まで地下新線が開通し、昭和55年横須賀線と直通運転が開始された。

　東京駅の開業は大正3(1914)年12月であり、東海道線の新しい始発駅としてスタートした。その後、大正8(1919)年3月、中央線の万世橋駅(廃止)から東京駅までの区間が開通、神田駅が開業して、新宿以西と結ばれるようになった。この中央線のホームは現在、丸の内口に近い高架線(3階相当)の1・2番線ホームから発着しており、同じ丸の内側地下5階にある総武線・横須賀線用地下1～4番線ホームを使用する総武線とは好対照である。

　平成2(1990)年3月には京葉線が延伸し、京葉線用地下1～4番線ホームに乗り入れている。この京葉線地下ホームは南の鍛冶橋側にあり、有楽町駅からの徒歩圏内である。

　東京駅は千代田区丸の内1丁目にあり、正真正銘の東京(日本)の中央駅で、開業当初は「中央停車場」と呼ばれていた。開業時は丸の内(皇居)側だけに開かれ、八重洲口の開設は昭和4(1929)年12月とかなり遅かった。近年は丸の内駅舎の復原、KITTEの開業など、地下部分を含めた丸の内側がリニューアルされている。

東京駅丸の内口（大正期）
高層ビルの姿がなかった頃の丸の内口から、八重洲口方面を眺めた風景。駅前広場には今以上に緑の木々が植えられていた。

東京駅総武線ホーム（現在）
東京駅丸の内側、地下5階にある総武線、横須賀線ホーム。次の停車駅は新日本橋、新橋駅である。

東京駅京葉線ホーム（現在）
東京駅丸の内側の南、地下4階にある京葉線ホーム。3番線に府中本町行きの武蔵野線が見える。

古地図探訪
昭和30年／東京駅付近

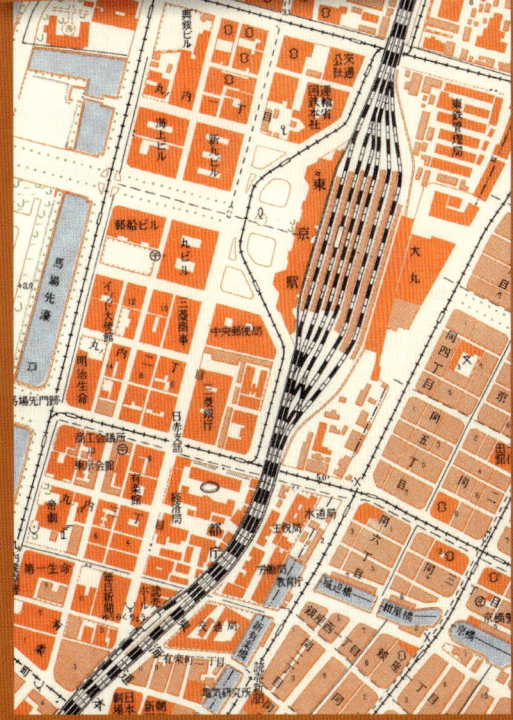

八重洲側にまだ外堀が残り、京橋川が流れていた頃の東京駅の地図である。当然のことながら、東海道新幹線はまだ開通しておらず、都電の線路が東京駅を囲むように丸の内、八重洲側にあった。丸の内側には、現在の丸の内オアゾ付近に国鉄本社、日本交通公社があり、八重洲側には東京鉄道管理局のビルがあった。丸の内（皇居）側には、北から興銀ビル、海上ビル、新丸ビル、郵船ビル、丸ビルなどが建ち並び、戦前からの「一丁倫敦」の名残があった。東京中央郵便局の南には三菱銀行本店があり、さらに南の有楽町付近まで、都庁関係の施設が続いていた。

しんにほんばし・ばくろちょう

新日本橋・馬喰町

総武線が開通して、2つの地下駅誕生
歴史の街に「新」駅、幕府の馬場あり

新日本橋

開業年	昭和47(1972)年7月15日
所在地	中央区日本橋室町4－4
キロ程	1.2km(東京起点)
駅構造	地下駅
ホーム	1面2線
乗車人員	18,051人

馬喰町

開業年	昭和47(1972)年7月15日
所在地	中央区日本橋馬喰町1－11
キロ程	2.3km(東京起点)
駅構造	地下駅
ホーム	1面2線
乗車人員	24,614人(2012年)

日本橋(昭和30年頃)
首都高速道路ができる前の日本橋。奥が三越本店のある日本橋室町、神田方向で、建設中のビルや都電の姿が見える。

日本橋三越本店(現在)
ライオン像でもおなじみの日本を代表する百貨店。「今日は帝劇、明日は三越」などのキャッチコピーなどでも知られる。

馬喰町駅(現在)
浅草橋交差点の南側にある馬喰町駅の地上出口。奥が浅草橋、JR浅草橋駅方向である。

馬喰町駅(現在)
江戸通りの下に位置する馬喰町駅。都営地下鉄新宿線の馬喰横山駅と接続する、馬喰町交差点付近の地上出口である。

　新日本橋駅は、総武快速線の東京・錦糸町間が開業した昭和47(1972)年7月に開業している。都心に誕生した新駅であり、当然のことながら地下に設置されている。「新」という文字を冠した新日本橋駅ではあるが、JR(国鉄)線には日本橋駅がなく、東京メトロ銀座線、東西線に日本橋駅(この当時の都営地下鉄は江戸橋駅)があった。
　新日本橋駅が存在するのは、中央区日本橋室町4丁目である。戦前には東京15区のひとつ、日本橋区が存在していたが、その北端に位置し、すぐ北側は千代田区(神田区)となる。
　この新日本橋駅とお隣の馬喰町駅との距離はわずか1.1kmであり、東京駅との間も2.3kmしか離れていない。この駅も地下駅であり、新日本橋駅よりもさらに深い(海抜マイナス30.5m)地下に位置する。これは国鉄時代には最も低い場所にある駅だったが、JRになった後に(津軽)海峡線の吉岡海底駅(現在は廃止)が開業し、その地位を譲っていた。
　「馬喰町」の地名は江戸時代、この付近に馬場があり、幕府の博労頭が管理していたことに由来する。その後、博労頭の高木家が名主となったことで「博労町」と呼ばれるようになり、現在の地名が誕生した。都営地下鉄新宿線には、馬喰横山駅が存在する。

日本橋室町、中央通り（大正期）
市電や乗合自動車に交じって、荷車や振売の人々でにぎわう日本橋室町付近。中央通りは奥の神田、上野方面に続いている。

浜町河岸、市電（大正期）
日本橋浜町付近、隅田川沿いの道路を市電が走る。奥には、現在の橋に架け替えられる前の両国橋が見える。

新日本橋駅ホーム（現在）
島式1面2線の新日本橋駅2番線ホーム。E217系が停車している。

馬喰町駅ホーム（現在）
島式1面2線の馬喰町駅ホーム。久里浜行きの電車が停車している。

古地図探訪
昭和30年／新日本橋駅付近

地図の左側を山手線・京浜東北線、中央線が走り、中央には昭和通りが南北に貫いている。また、中央通りには都電・営団地下鉄（現・東京メトロ）銀座線が走る。その間を結ぶ江戸通りの下を、現在は総武線が走っており、新日本橋駅が置かれている。地図上で目立つ建物は、左下に見える三越・日本銀行で、ともに日本の経済を動かす存在の本店である。その南には、日本橋川が流れ、一石橋・日本橋・江戸橋などが架かっている。また、この当時はいくつかの「文」（学校）の地図記号が点在するが、その多くは廃校になってしまった。その中で、日本橋本石町4丁目にある中央区立常盤小学校は、明治6（1873）年開校の歴史をもち、現在の校舎は関東大震災後に建てられた「復興小学校」のひとつである。

きんしちょう

錦糸町

明治27年、総武鉄道の本所駅が誕生
錦糸堀に旧都電車庫、半蔵門線に連絡

開業年	明治27(1894)年12月9日
所在地	墨田区江東橋3-14-5
キロ程	0.0km(錦糸町起点)
駅構造	地上駅(橋上駅)
ホーム	2面4線
乗車人員	103,522人

錦糸町駅南口(昭和43年)
昭和36(1961)年、南口に誕生した駅ビル「テルミナ」。現在には、北口にも「テルミナ2」が誕生している。

錦糸町駅南口(現在)
東京スカイツリーを背景にして建つ、錦糸町駅南口の駅ビル「テルミナ」。中央奥に見えるのが、精工舎跡の「オリナス」。

錦糸町駅付近の四ツ目通り(昭和43年)
四ツ目通りの踏切を渡る夏服の人々と自動車。その奥には、錦糸町駅の構内と錦糸町客車区が広がっていた。

急行「そとうみ」(昭和42年)
総武・房総方面で名物だったキハ25・26の混成編成が錦糸町駅構内へと進む。「そとうみ」は新宿・両国〜安房鴨川間(大網経由)を約1年間だけ運行された「短命」の列車であった。

　東京から地下区間を走ってきた総武快速線が地上に出て最初に到着するのが錦糸町駅である。この駅の歴史は古く、東京駅が開業する20年前、明治27(1894)年12月、総武鉄道(現・総武線)の本所駅として開業している。この年の7月、まず市川〜佐倉間で開業した総武鉄道はこの駅まで延伸。明治37(1904)年に両国橋(現・両国)駅に延伸するまでは本所駅が終着駅だった。なお、「本所」という名称については、江戸から続く古い地名であり、明治から昭和戦前期にかけては東京15区のひとつ、本所区が存在し、その玄関口の役割も果たしていた。

　総武鉄道が国有化された後、大正4(1915)年には「錦糸町」に駅名を改称した。「錦糸町」の駅名は駅の北側、現在の北斎通りに存在した「錦糸堀」に由来する。錦糸堀の由来には諸説あり、「岸堀」からきたという説などが考えられる。ここから錦糸町の地名が生まれ、現在は墨田区に「錦糸」の住居表示が設けられ、墨田区立錦糸公園、錦糸小学校などが存在する。

　その後、平成15(2003)年に東京メトロ半蔵門線の錦糸町駅が開業し、連絡駅となった。JR、東京メトロの両駅とも所在地は墨田区江東橋3丁目であるが、駅前は北口側が錦糸、南口側が江東橋に分かれる形となる。なお、駅の東、亀戸側に江東区との区境がある。

錦糸町駅のガードと都電（昭和44年）
築地方面に向かう36系統の都電と、楽天地の映画館「江東劇場」。昭和の風景を見守りながら、ガード上を総武線の電車が走る。

精工舎事務所（昭和戦前期）
錦糸町駅北口のランドマークだった精工舎の工場と事務所。現在は再開発され、ショッピングモール「オリナス」が誕生している。

留置線のE217系（現在）
東京駅ホームには引き上げ線がないため錦糸町駅に隣接している場所に留置線がある。

キハ35形気動車（昭和47年）
高架複々線区間の錦糸町付近を行く。黒ずんで見えるのはステンレス車体の900番代。
撮影：山田虎雄

古地図探訪
昭和30年／錦糸町駅付近

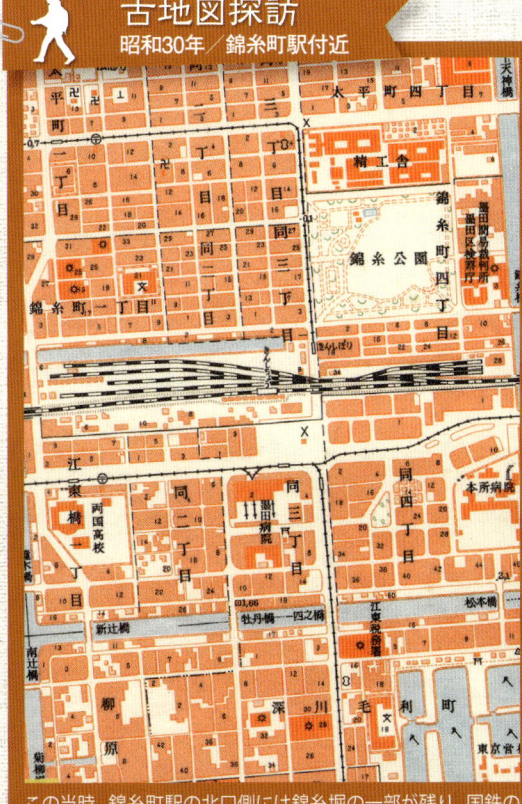

この当時、錦糸町駅の北口側には錦糸堀の一部が残り、国鉄の用地が広がっていた。その後、この付近は再開発され、そごう錦糸町店が開店し、現在はアルカキット錦糸町、アルカタワーズ錦糸町となっている。北東側には錦糸公園があり、その北には精工舎の事務所、工場があったが、現在はオリナス錦糸町に変わっている。一方、南口側には、都電の錦糸堀車庫があった。この場所は現在、丸井錦糸町店になっている。墨田病院と本所病院は統合されて、都立墨東病院となっている。南東側の毛利地区にあった猿江貯木場は、南側に既にあった猿江恩賜公園の北園となり、広く一般に公開されている。

かめいど

亀戸

明治37年に開業、東武亀戸線と連絡
亀戸天神に藤、ゴッホ描く梅の名所も

開業年	明治37(1904)年3月29日
所在地	江東区亀戸5-1-1
キロ程	6.3km(東京起点)
駅構造	高架駅
ホーム	1面2線
乗車人員	56,693人

亀戸駅(現在)
明治通り南側から見た亀戸駅。「亀戸エルナード」の名称だった駅ビルは、平成18(2006)年に「アトレ亀戸」に変わった。

撮影：山田虎雄

亀戸駅(昭和45年)
人も車も集まり、賑わいを見せる亀戸駅の北口、交差点付近。この頃の駅舎には、継ぎはぎの建造物の印象が漂っている。

撮影：小川峯生

亀戸駅に進入する201系(平成元年)
201系はオレンジ色が中央快速線、スカイブルーが京阪神緩行線に投入された。その後、昭和57年に総武・中央緩行線にもカナリア色が登場し、平成13年まで活躍した。

撮影：矢崎康雄

亀戸付近の快速電車(昭和54年)
昭和47年の東京開業時から113系による快速電車が運転を開始し成田・内房・外房線にも直通した。写真は非冷房車の113系。

撮影：矢崎康雄

湘南色の153系(昭和54年)
153系は東海道・山陽線の電車急行用として昭和33年～37年に製造された。昭和40年代後期に千葉地区に転属され、急行「犬吠」「水郷」「鹿島」などに使用された。

　亀戸駅は明治37(1904)年3月、総武鉄道の駅として開業しており、その1週間後、4月には東武鉄道亀戸線の駅も開業した。このときに東武線の亀戸・曳舟間が開業したことで、総武鉄道の亀戸～両国橋(現・両国)間への直通運転も開始され、明治43(1910)年まで続けられた。

　亀戸の地名はもともと「亀井戸」で、その前は「亀島」であったとされている。亀の形をした島が陸続きとなり、この地の名物だった「臥龍梅」の井戸「亀ヶ井」と一緒になったといわれる。この臥龍梅は、亀戸の名所として初代歌川広重が「名所江戸百景　亀戸梅屋舗」を描き、ゴッホが模写したことで、世界的に知られるようになっ

たが、明治43(1910)年の大洪水で失われた。なお、「亀ヶ井」は現在、亀戸香取神社内に再建されている。

　この亀戸を有名にしているのは、藤の名所として知られる亀戸天神(社)である。亀戸天神社についても、広重が「名所江戸百景　亀戸天神境内」として、今も残る太鼓橋とともに藤の花を描いている。門前にあるくず餅の名店「船橋屋」もよく知られている。

　なお、戦前には城東電軌軌道が建設した城東電軌線が錦糸町、亀戸駅前から小松川、今井、洲崎方面に伸びていた。この軌道線は後に市(都)電の一部となり、戦後に廃止されている。

越中島支線（平成12年）

亀戸と越中島貨物駅を結ぶ貨物線で、単線・非電化の路線。亀戸〜平井間で総武線の複々線を跨ぎ、緩行線（各駅停車）の外側から快速線の内側に入る。

撮影：矢崎康雄

亀戸駅前のバスターミナル（昭和42年）

明治通りに面して開かれている亀戸駅前のバスターミナル。都営バスのほかに、トロリーバスも乗り入れていた。

撮影：山田虎雄

古地図探訪
昭和30年／亀戸駅付近

亀戸駅から、北東にカーブして進んでゆくのは東武亀戸線であり、南西に大きくカーブして南進するのは国鉄の越中島貨物線である。この亀戸駅を南北に縦断している明治通りに都電は通っておらず、南側の京葉道路を走ってきた旧・城東電軌線の都電小松川線から分かれた都電砂町線が、第二精工舎（現・サンストリート亀戸）の西側を南に向かって走っていた。駅の北西に広がる亀戸球場は、現在も亀戸野球場、庭球場として存在するものの、かなりの部分がUR都市機構亀戸二丁目団地に変わっている。駅の南側、堅川の上には首都高速7号小松川線が誕生し、付近の風景は大きく変わった。

平井

ひらい

明治32年、総武鉄道の駅として開業
江戸時代に平井の渡し、現在は平井橋

開業年	明治32（1899）年4月28日
所在地	江戸川区平井3－30－1
キロ程	8.2km（東京起点）
駅構造	高架駅
ホーム	1面2線
乗車人員	31,478人

平井駅（昭和42年）
高架駅に変わる前、地平駅だった頃の平井駅。さほど広くはない駅前広場には、客待ちをするタクシーの列ができている。

撮影：山田虎雄

平井駅南口（現在）
駅前ロータリー、バス乗り場がある平井駅南口。左手に見えるのは、小松川警察署平井駅前交番である。

下り103系（平成12年）
江東区から江戸川区に入り、間もなく平井駅に到着する風景。線路の左側には日本通運の倉庫や小松川第三中学校が並ぶ。

撮影：矢崎康雄

亀戸～平井間の201系（平成12年）
旧中川の橋梁を渡る総武・中央緩行線の201系は平成13に運行を終了し、青梅線・五日市線や京葉線に転出した。写真上部は亀戸中央公園。

撮影：矢崎康雄

　隣りの亀戸駅や新小岩駅よりも古い歴史をもつ平井駅ではあるが、この区間の総武鉄道の開業当時からあった駅ではない。平井駅は市川・本所（現・錦糸町）間の開業から5年後の明治32（1899）年4月に開業した。現在では小岩駅と並ぶ、JR線の江戸川区の玄関口となっている（中間の新小岩駅は葛飾区にある）。

　この平井駅は、旧中川と荒川（中川）の中間部分に位置している。江戸時代、旧中川には小名木川との分岐点に幕府の船番所が置かれ、江戸と関東を結ぶ水運の要所となっていた。江戸の風景を描いた浮世絵師、初代歌川広重はこの地にも足を運び、「名所江戸百景」において「逆井の渡し」や「平井聖天」を描いている。

　当時、旧中川には「逆井の渡し」「平井の渡し」「中川の渡し」があった。平井橋のたもとにある平井聖天（燈明寺）は、新義真言宗の寺院で、江戸時代から聖天信仰で多くの参拝客を集めた。平井橋は平井の渡しのあった場所のすぐ北（東）側に架かっている。

　また、駅の西側にある天台宗の寺院、最勝寺は「目黄不動尊」と呼ばれている。ここは「江戸五色不動」のひとつとして、江戸時代から江戸っ子に人気のあった寺院で、もとは本所表町にあったが、大正2（1913）年に現在地に移ってきた。

荒川放水路橋梁に向かう（現在）
平井～新小岩間では荒川放水路と中川に架かるワーレントラス構造の橋梁を渡る。さらに、この先東京下町を抜けた電車は江戸川を超えて千葉県へと入っていく。

平井付近の209系500番代（現在）
平成5年に登場した新世代通勤電車の第一弾で最初は京浜東北・根岸線と南武線に投入された。総武・中央緩行線には幅広車の500番代が平成10年にお目見えした。

平井大橋付近の空撮
四つ木方面から荒川、中川の下流域を望む。中央には、平井大橋と総武線の橋梁が見える。右上奥に、平井駅と平井の街が広がる。

平井駅北口（現在）
大きなロータリー、都営バスのターミナルがある平井駅の北口。北側の蔵前橋通り沿いにも京成バスと京成タウンバスの乗り場がある。

見所スポット

大島小松川公園
野球場、テニスコート、ジョギングコースなどがある公園で、都営新宿線の東大島駅付近に広がる。園内には、昭和5（1930）年に完成した旧小松川閘門が保存されている。

平井大橋
荒川、中川放水路に架かる橋梁で、江戸川区平井と葛飾区新小岩を結んでいる。付近に首都高速道路中央環状線の平井大橋出入口がある。

古地図探訪
昭和30年／平井駅付近

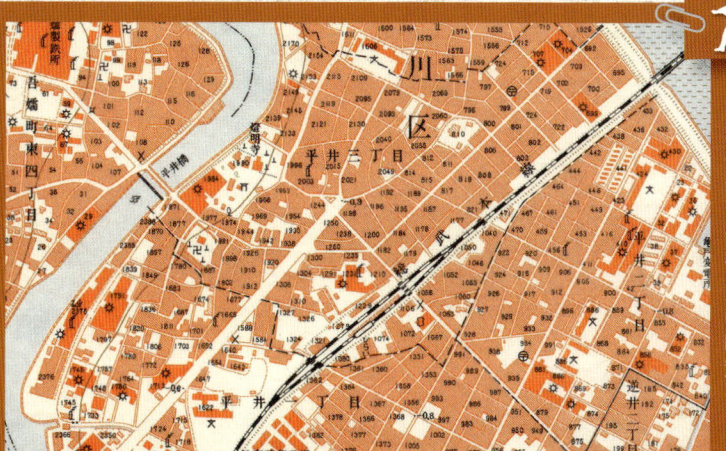

この平井駅周辺には、家屋が密集しており、変電所や製鉄所、工場が建ち並び、ところどころに煙突の地図記号がのぞく。現在では、そのほとんどが姿を消し、マンションやアパートなどに変わっている。地図の左上、平井橋のたもとにあるのは燈明寺で、その南には平井諏訪神社、妙光寺の地図記号も見える。地図の下、平井一丁目にある「文」マークは、江戸川区立小松川第三中学校で、その北側には現在、江戸川自動車教習所が誕生している。国鉄線の北を走る蔵前橋通りはその後、延伸して、荒川には平井大橋が架かっている。

しんこいわ
新小岩

開業年	昭和3(1928)年7月10日
所在地	葛飾区新小岩1-45-1
キロ程	10.0km(東京起点)
駅構造	高架駅
ホーム	2面4線
乗車人員	72,306人

大正15年、新小岩信号所でスタート
葛飾区の南の玄関口、快速電車も停車

撮影：山田虎雄
新小岩駅南口(昭和42年)
多くの路線バスやタクシーが集まり、賑わいを見せる新小岩駅の南口。昭和のこの風景が平成まで長く続いていた。

新小岩駅南口(現在)
これまで、南口と北口を結ぶ南北自由通路のなかった新小岩駅だが、平成30(2018)年度の完成を目指した工事が進められている。

新小岩駅東北広場口(現在)
北口とはスカイデッキたつみで結ばれている新小岩駅の東北広場。新しいバスターミナルが置かれている。

新小岩駅北口(現在)
蔵前橋通り方向に開かれている新小岩駅の北口だが、駅前の空間はさほど広くはない。

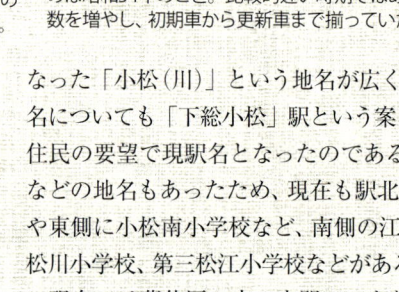
撮影：矢崎康雄
新小岩駅の高運転台103系(平成12年)
長期間に渡って101系が活躍してきた総武線に103系が投入されたのは昭和54年のこと。比較的遅い時期ではあったものの、年々車両数を増やし、初期車から更新車まで揃っていた。

　この新小岩駅は総武線、東京都区内では比較的新しい駅である。大正15(1926)年、新小岩信号所としてスタートを切り、新小岩操車場となった後、昭和3(1928)年に駅に昇格した。その後、新小岩駅は貨物扱いも開始したが、昭和43(1968)年に貨物、操車業務を新小岩操駅(現・新小岩信号所駅)に分離した歴史がある。なお、隣りの小岩駅は、明治32(1899)年に誕生しており、「新」小岩駅とされたのである。

　新小岩駅の所在地は葛飾区新小岩1丁目であるが、この地名は駅の誕生後に作られた新しいものである。この地は葛飾区の南端にあたり、古くは「小松菜」の由来となった「小松(川)」という地名が広く使われていた。駅名についても「下総小松」駅という案も出されていたが、住民の要望で現駅名となったのである。また、上平井町などの地名もあったため、現在も駅北側に上平井小学校や東側に小松南小学校など、南側の江戸川区内には西小松川小学校、第三松江小学校などがある。

　現在では葛飾区の南の玄関口であり、平井、小岩には停まらない快速の停車駅でもあることから、乗降客数も両駅や亀戸駅・市川駅よりも多くなっている。また、北口・南口・東北広場にやって来る路線バスの数も多く、大いに賑わいを見せる沿線主要駅に成長している。

新小岩操車場(現・新小岩信号場)付近(昭和32年)

千葉方面に向かうSL牽引の客車列車。右手の広大な新小岩操車場にはかつて貨物ホームや機関区、そして貨車の検査を行う新小岩工場などもあった。

撮影:伊藤昭

新小岩付近のE259系成田エクスプレス(平成23年)

253系の置き換え用として平成21年にデビュー。白を基調にした個性派の車両であり、最大のライバルは京成電鉄のAE形「スカイライナー」。

見所スポット

新小岩公園

荒川沿いにあった大同製鋼の工場跡に昭和60(1985)年に開園した。スポーツ広場、多目的広場があり、「かつしかフードフェスタ」の開催場所となっている。

古地図探訪
昭和30年/新小岩駅付近

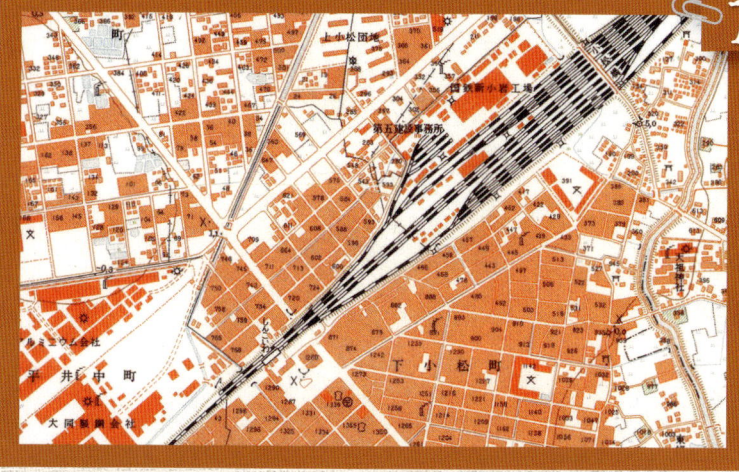

同時期の小岩駅周辺の地図と比べてみると、駅の置かれた時期が遅い新小岩駅では、周辺にまだ農地が残っていたことがわかる。特に、境川を越えた東の江戸川区側には多くの農地が存在していた。小松菜は、江戸川区小松川付近が原産地である。境川は現在、境川小松川親水公園として整備され、市民の憩いの場となっている。一方、駅の北東には、国鉄の新小岩操車場や新小岩工場が広がっていた。現在は規模が縮小され、新小岩信号場駅が残るものの、新小岩駅前の北東広場、私学事業団総合運動場などに変わっている。駅の西側にあった大同製鋼会社の跡地には、西新小岩1丁目アパート、新小岩公園などが生まれている。

こいわ

小岩

明治32年開業、JR都内東端に位置
江戸川は千葉との境目、お隣は市川駅

開業年	明治32(1899)年5月24日
所在地	江戸川区南小岩7-24-15
キロ程	12.8km(東京起点)
駅構造	地上駅
ホーム	1面2線
乗車人員	63,288人

小岩駅南口(現在)
小岩駅のメーン口である小岩駅南口。ここから三方に商店街が延びている。

撮影：山田虎雄

小岩駅南口(昭和42年)
この区間が複々線化される前まで存在していた小岩駅の木造駅舎(南口)。駅前のロータリーにはタクシーが集まっている。

小岩駅北口(現在)
京成小岩駅方向に開かれている小岩駅の北口だが、その距離はかなり遠く、連絡するには向いていない。

撮影：伊藤威信

小岩〜市川間の下り電車(昭和36年)
総武線の輸送改善対策も変容していく時期。この当時は旧型国電の活躍が全盛で輸送力不足は否めなかった。

撮影：伊藤威信

夏季臨時準急「浜風」(昭和36年)
小岩〜市川間の江戸川を渡るキハ55系の気動車準急。複々線化される前の橋梁の形もよくわかる。写真右手の方向には京成電鉄の江戸川橋梁がある。

　総武鉄道の市川〜本所(現・錦糸町)間の開業時には存在しなかった駅ではあるが、19世紀末の明治32(1899)年に開業したのがこの小岩駅である。

　「小岩」という地名は、「甲和」に由来するといわれる。奈良時代の「正倉院文書」には「甲和里」の記述があり、和同6(713)年に好字(よい字)の「甲和」が地名にされたという。この「甲和(里)」が後に「小岩」に変化した。江戸時代からあった上小岩、下小岩、中小岩、小岩田などの諸村が合併し、明治22(1889)年、東京府南葛飾郡に小岩村が誕生した。昭和3(1928)年に小岩町となり、昭和7(1932)年に東京市に編入され、江戸川区の一部となっている。

　同じ江戸川区内で、総武線の北側を走る京成本線には京成小岩、江戸川の両駅が存在するが、どちらも乗換えには適さない距離の隔たりがある。このうち、開業年の早い江戸川駅は当初、旧村名の「伊予田駅」を名乗っていたが、「市川」をへて、大正3(1914)年に現駅名となった歴史がある。

　小岩駅の南西には、「小岩不動尊」の通称で知られる真言宗豊山派の寺院、善養寺が存在する。この寺は樹齢600年以上で国の天然記念物に指定されている「影向の松」が有名である。

中川の橋梁

　亀戸を出た総武線の列車は、3つ先の小岩駅に到着するまでに3つの「中川」橋梁を渡ることになる。それは、亀戸・平井間の旧中川、平井〜新小岩間の中川（荒川）、新小岩〜小岩間の新中川に架かる橋梁である。

　この3つの中川は、利根川東遷事業、荒川放水路の開削、洪水・水害対策により分断、開削された歴史がある。大正13（1924）年、荒川放水路（現・荒川）の開削により、分断された中川の下流部分が旧中川で、そのときに付け替えられたのが荒川に並行して流れる中川である。昭和38（1963）年に開削された中川放水路が現在の新中川となっている。

　この蒸気機関車が走る姿が写る絵葉書は、明治後期に発行された「中川の橋梁」である。堅固な石造りの土台の鉄橋は、どの中川の橋梁なのか。旧中川か中川か。現在のところは不明である。

中川の鉄橋（明治後期）

小岩駅南口、フラワーロード（現在）
にぎわいを見せる小岩駅南口のフラワーロード商店街。両国駅や瑞江駅などに向かう路線バスも通る。

見所スポット

善養寺
東小岩2丁目にあり、樹齢600年以上の天然記念物「影向の松」が有名である。真言宗豊山派の寺院で、「小岩不動尊」の別名がある。

小岩菖蒲園
江戸川の河川敷に広がる花菖蒲の名所で、5月から6月にかけて、約100種5万本が次々と花を開く。

古地図探訪
昭和30年／小岩駅付近

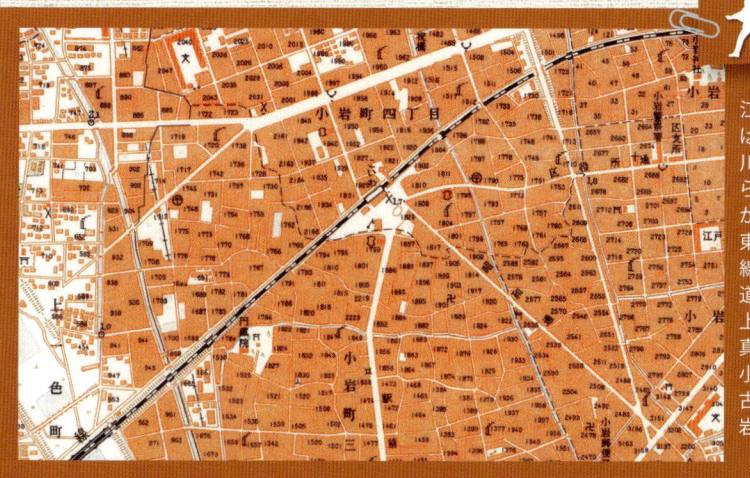

江戸川区内では早くから開けていた小岩駅の周辺は、びっしりと家屋で埋まっているが、西側の新中川付近には地図上に農地などが目立つ。小岩駅から南に伸びる道路は、駅前通りとともに昭和通りがあり、東方向には区役所通りが伸びている。一方、東側では、柴又街道（都道307号）が縦断している。線路の北側を東西に走るのは蔵前橋通り（千葉街道）で、駅の北西で奥戸街道と合流している。地図上で目立つのは、駅の南西、線路近くにある新義真言宗豊山派の寺院、円蔵院で、隣接するのが南小岩天祖神社である。また、地図の北東の端には、古くは「五社大明神」「五社明神社」といわれた小岩神社が存在する。

いちかわ
市川

総武鉄道開業時は、西側の起終点駅
昭和9年、3町1村合併で市川市誕生

開業年	明治27(1894)年7月20日
所在地	市川市市川1-1-1
キロ程	15.4km（東京起点）
駅構造	高架駅
ホーム	2面4線
乗車人員	59,153人

市川駅北口（昭和32年）
路線バスの姿が見える市川駅の北口駅前。東京駅降車口（現・丸の内北口）行きのバスは、北を走る千葉街道を通って、都内に向かっていた。
撮影：山田虎雄

市川駅南口（現在）
再開発により、リニューアルされた市川駅南口の駅前広場。高架駅の奥には、北口側のダイエー市川店が見える。

市川駅北口（昭和33年）
高架複々線化される前の市川駅の北口駅舎。未舗装の広場に、クラシック・スタイルの自動車が多数並んでいる。
提供：市川市文学ミュージアム

市川駅を通過する急行「犬吠」（昭和44年）
キハ28系を使用した気動車急行「犬吠」は昭和37年に準急で登場し、昭和41年に急行に格上された。電車急行になったのは昭和50年、急行が廃止されたのは昭和57年である。
撮影：山田虎雄

　市川駅と小岩駅の間には江戸川が流れ、千葉県と東京都の境目になっている。市川駅は千葉県側で最初の駅であり、総武鉄道開業時の明治27(1894)年7月には、起終点であった歴史のある駅でもある。同じ年の12月、市川～本所（現・錦糸町）間が延伸し、中間駅となった。
　市川の地名、駅名の由来は諸説あるが、地区の西側を流れる江戸川が東国の「一の川」であったからという説、その河岸に市が立ったことからという説が有力である。また、この付近は駅北側の国府台一帯を中心に縄文時代から人々が定住した場所で、古代の下総国国府、国分寺などが置かれた場所でもある。明治22(1889)年、東葛飾郡の市川村、国府台村、真間村などが合併して、市川町が誕生。昭和9(1934)年、八幡町、中山町、国分村を加えて、現在のような市川市が成立した。戦後には、行徳町、南行徳町などを編入し市域が拡大した。
　市川市内には、JR総武線の本八幡駅、武蔵野線の市川大野駅のほか、東京メトロ東西線の駅なども存在するが、この市川駅に最も近いのは京成本線の市川真間駅である。両駅の間には国道14号が通り、JR駅の約500m北に京成線の駅が存在する。

見所スポット

市川橋（昭和戦前期）
江戸川を渡り、東京方面と結ばれている千葉街道（国道24号）の市川橋。昭和2（1927）年、鉄橋に架け替えられた。

里見公園
国府台城のあった古戦場付近に昭和34（1959）年に開園した。国府台城址のほか、バラ園があり、春には桜の花見も楽しめる。

じゅん菜池緑地
かつては国分沼と呼ばれ、じゅん菜の産地だった場所に、昭和54（1979）年に「じゅん菜池」を復元、遊歩道などが整備された。

提供：市川市文学ミュージアム

市川駅ホーム（昭和37年）
現在のような島式2面4線に変わる前の市川駅のホーム。2つの跨線橋が存在していた。手前が本八幡、奥が小岩方面である。

手児奈霊神堂
万葉集の中にも登場する伝説の女性、手児奈を祀る霊堂で、市川市真間4丁目にある。古くから、手児奈ゆかりの「真間の井戸」が知られていた。

古地図探訪
昭和30年／市川駅付近

地図上をほぼ真っ直ぐに走る、総武線と千葉街道（国道14号）に対して、北側の京成本線は、国府台駅から南西に進んできたことがわかる。国鉄の線路と並行に走るようになる場所付近にあるのが、京成電鉄の市川真間駅である。この市川駅付近では、北側に人家が密集しているのに対して、南（西）側には田畑が残っていた。また、駅付近には宝酒造市川工場が存在したが、現在はマンションなどに変わっている。駅の南側板川駅の東寄りから分岐するめ路線は北越製紙関東工場への引込み線。現在この一帯は高層ビルが立ち並んでいる。

いちかわ

市川駅北口（昭和33年）
駅前広場、ロータリーが美しく整備された市川駅の北口。地平駅舎の右には、跨線橋が見える。

市川駅北口付近、鳥瞰（昭和43年）
新しいビルが建ち並び始めていた市川駅の北口付近。駅北側の千葉街道（国道14号）には、中央分離帯があったことがわかる。

市川駅前十字路（昭和33年）
市川駅北口の眼と鼻の先には、交通量の多い千葉街道（国道14号）が通り、沿道には商店が並んでいた。

市川駅南口（昭和33年）
人影の少ない市川駅の南口駅前。木造駅舎の前には、なつかしい郵便ポストが立っていた。

市川駅を出発する101系（昭和59年）
昭和39年に山手線への103系の投入が始まり、余剰となった101系が総武線に転用されることとなった。昭和63年の引退まで長い間主力として君臨した。

市川駅のホーム俯瞰（昭和38年）

ホームの端には屋根も設置されていなかった頃の地上時代の風景。高架複々線化するのはこの10年後であり、快速線の専用ホームは優等列車を待避できる構造となった。

提供：市川市文学ミュージアム

撮影：矢崎康雄

市川付近の103系（平成12年）

103系は一時期、総武・中央緩行線の主役であった。編成はすべて10両であり初期から後期までの様々なタイプが在籍していた。

撮影：伊藤威信

市川駅に停車している少数派の205系（平成7年）

平成元年に2編成が新製投入されたものの、1編成は埼京線用として転出した。その後、京浜東北・根岸線などから転入し、103系・201系とともに運用された。平成13年他線に転属。

もとやわた

本八幡

開業年	昭和10(1935)年9月1日
所在地	市川市八幡2−17−1
キロ程	17.4km(東京起点)
駅構造	高架駅
ホーム	1面2線
乗車人員	58,274人

昭和10年、京成八幡駅南に新駅誕生
平成元年、都営新宿線延伸で連絡駅に

本八幡駅南口(昭和43年)
目の前にタクシーの乗り場があった、地平時代の本八幡駅南口。高架化される前はこぢんまりとした印象の駅舎だった。

撮影:荻原二郎

本八幡駅北口(現在)
京成八幡、市川市役所方向に向かって開かれている本八幡駅の北口。京成バスのターミナルが設けられている。

本八幡付近のE231系(現在)
平成12年登場の新系列車両。総武・中央緩行線は最初に投入された線区であり、試作車E231系900番代(製造当初は209系500番代)も活躍する。

幕張行き下り電車(昭和31年)
総武緩行線の下り電車の行き先は現在、西船橋・津田沼・千葉のみであるが、過去には市川・下総中山・船橋・幕張・稲毛などの行き先もあった。

撮影:伊藤威信

本八幡駅南口(現在)
本八幡駅の高架下は、駅ビル「Shapo(シャポー)本八幡」になっており、左手奥にある都営地下鉄の本八幡駅と連絡している。

　この本八幡駅は昭和10(1935)年9月に開業した、比較的新しい駅である。当時、既に京成本線には八幡駅(後に廃止)、新八幡(現・京成八幡)駅が置かれており、同じ千葉県内の内房線にも「八幡宿」駅が存在していた。鹿児島線にも古くから八幡駅があるため、「本八幡」という駅名が採用されている。

　八幡という地名は、現在の八幡4丁目にある葛飾八幡宮に由来する。ここは平安時代の寛平年間、京都の石清水八幡宮を勧請したと伝わり、下総の総鎮守として多くの人々の崇敬を集めてきた。江戸時代から八幡村があり、明治19(1886)年、八幡村と古八幡村が合併して、八幡町が成立。駅誕生の前年、昭和9(1934)年に合併により、市川市の一部となった。

　本八幡駅の北側には前述した京成八幡駅が存在するが、平成元(1989)年3月、都営地下鉄新宿駅の本八幡駅の仮設駅が開業して、連絡駅となった。この地下鉄本八幡駅は平成3(1991)年9月に本設駅となっている。JRと地下鉄の本八幡駅は、駅ビル「Shapo本八幡」内の連絡通路で結ばれており、地下鉄本八幡駅と京成八幡駅は地下連絡通路で結ばれている。

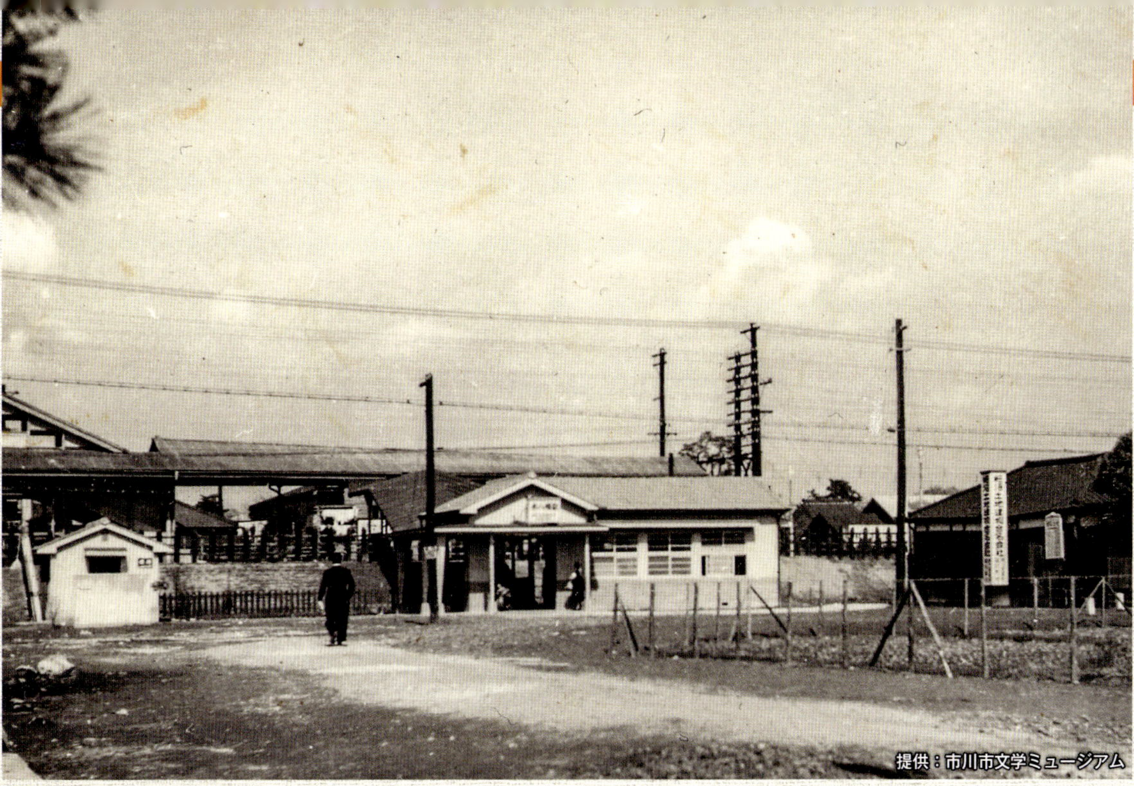
提供：市川市文学ミュージアム

本八幡駅南口（昭和33年）

地平時代の本八幡駅南口。駅舎は新しく、駅前は未整備で、更地が広がっていた。

提供：市川市文学ミュージアム

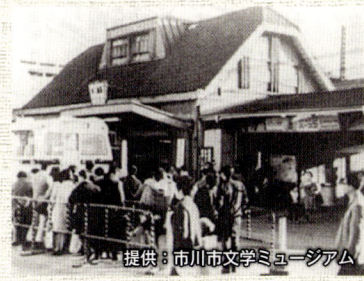

本八幡駅北口（昭和30年）

バス停に多くの人が並んでいる本八幡駅北口。改札口の前には、親子連れの姿がある。

提供：市川市文学ミュージアム

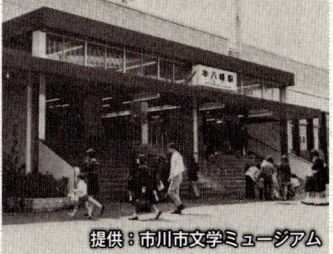

高架化された本八幡駅（昭和50年代）

本八幡駅は昭和47（1972）年7月15日に高架化され、現在のような形になった。

見所スポット

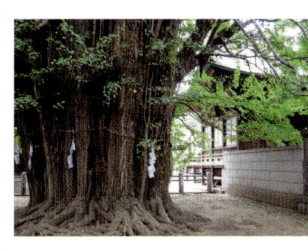

葛飾八幡宮

市川市八幡4丁目にある神社で、下総国の総鎮守として崇敬を集めてきた。国の天然記念物に指定されている樹齢1200年の「千本イチョウ」で知られる。

古地図探訪

昭和30年／本八幡駅付近

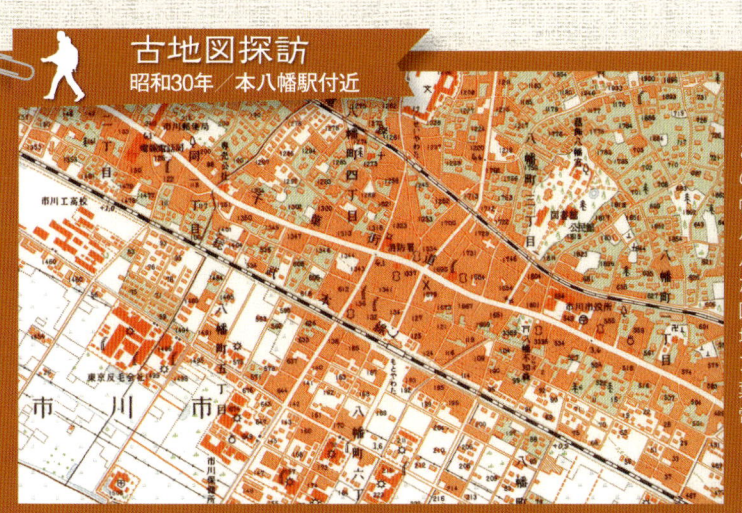

この本八幡駅と、北側に存在する京成八幡駅。その東側には、ともに古い歴史をもつ葛飾八幡宮（八幡神社）と八幡不知森（不知森神社）がある。葛飾八幡宮は、八幡の地名の由来となった場所であり、八幡不知森は古来以来、人が入れない禁足地だった。その東側に市川市役所が存在する。この時期、国鉄の線路の南側は、農地がまだ残っており、工場（を示す地図記号）も点在しているが、現在はマンションなどに変わっている。また、国道14号（千葉街道）沿いの西側には、市川郵便局が見えるが、電信電話局、専売公社は現在、なくなっている。

しもうさなかやま
下総中山

開業年	明治28(1895)年4月12日
所在地	船橋市本中山2-17-37
キロ程	19.0km(東京起点)
駅構造	高架駅
ホーム	1面2線
乗車人員	22,854人

日蓮ゆかり、正中山法華経寺から駅名
明治、大正期に、東葛人車鉄道が存在

下総中山駅のホーム(現在)
緩行線ホームのみの駅であるが、総武線の各駅停車は終日利用客が多い。南の真間川方向には地下鉄東西線の原木中山駅がある。

撮影:荻原二郎

下総中山駅(昭和43年)
高架駅に変わる前の下総中山駅。武蔵野線の船橋法典駅が開業する前であり、多くの競馬ファンがこの駅を利用していた。

下総中山の駅名標(現在)
ひらがなタイプの駅名標。「しもうさ」を冠する駅は他に神崎(こうざき)・橘・豊里・松崎(まんざき)と4駅あるが、すべて成田線の駅である。

下総中山駅南口(現在)
駅前の小さな時計塔が目印となっている下総中山駅の南口。高架下には商業施設・飲食店などの店舗が入っている。

　総武鉄道が開業した翌年、明治28(1985)年に開業した「中山」駅がこの駅のルーツである。当時の隣駅は市川と船橋だった。大正4(1915)年、現駅名の下総中山駅となっている。

　中山の地名、駅名は駅の北東側(市川市中山2丁目)にある日蓮宗大本山、法華経寺に由来する。日蓮ゆかりのこの寺は「正中山」の山号をもち、「中山法華経寺」と呼ばれて、早くから門前町が形成されてきた。なお、駅の所在地は船橋市本中山2丁目であるが、市川市との境目付近に位置しており、市川側には中山1〜4丁目が存在する。

　現在は連絡する路線のない単独駅であるが、明治・大正期には東葛人車鉄道が鎌ヶ谷と行徳河原を結んでいた。この人車鉄道の線路は、木下街道(現・千葉県道59号印西市川線)の上を通っており、明治42(1909)年に北側の路線が開業している。

　大正2(1913)年には南側の路線および鬼越付近から分岐して、下総中山駅前に至る路線も開通した。しかし、貨物中心の簡便な鉄道であり、京成本線の延伸や江戸川放水路の開削で路線が分断されたことなどが重なり、短期間で廃止となっている。

中山法華経寺

　「下総中山」と聞いて、まず思い出されるのは、日蓮宗の大本山である法華経寺。JRの下総中山駅からは京成中山駅をへて黒門（総門）まで、風情のある参道、商店街が続いている。
　境内は広く、塔頭の数も多い。その中でも目立つのは、祖師堂とともに国の重要文化財に指定されている朱塗りの五重塔。江戸初期の元和8（1622）年の建立と伝わり、法華経寺のシンボル的存在である。また、この寺は「江戸三大鬼子母神」のひとつとしても有名で、本院奥にある鬼子母神堂を訪れる人も多い。

五重塔（大正期）

奥之院（現在）

見所スポット

京成中山駅（現在）
総武線の市川〜船橋間は京成本線とほぼ平行する。市川は市川真間、本八幡は京成八幡、下総中山は京成中山、西船橋は京成西船、船橋は京成船橋が最寄駅として認知されている。

中山競馬場
JRA（日本競馬界）が運営する中央競馬競走の開催地のひとつ。暮れに行われる「有馬記念」は、グランプリ・レースとして有名。

市川市東山魁夷記念館
日本画家、東山魁夷が暮らした市川市中山1丁目に平成17（2005）年、開館した。作品の展覧会のほか、講演会なども実施している。

古地図探訪
昭和30年／下総中山駅付近

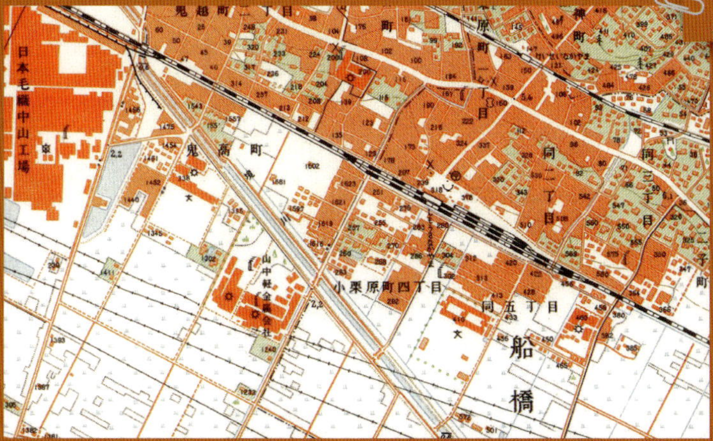

千葉街道（国道14号）、京成本線が走る国鉄線の北側には、家屋が建ち並んでいる。一方、真間川が流れる駅の南側には農地が広がっていたが、そこには一部、日本毛織中山工場、山中軽金属会社などの工場が進出していた。下総中山を有名にしてきた、中山法華経寺に続く参道が駅前から北東に伸びており、石神町付近から北に向かって、木下街道（県道59号）も走っている。駅の南側に見える「文」マークは、船橋市立小栗原小学校で、線路の南側、鬼高町には市川市立鬼高小学校がある。

にしふなばし

西船橋

昭和33年に開業、「西船」を有名に
武蔵野線、東西線、東葉高速線などと接続

開業年	昭和33(1958)年11月10日
所在地	船橋市西船4-27-7
キロ程	20.6km(東京起点)
駅構造	地上駅(橋上駅)(総武線)、高架駅(武蔵野線・京葉線)
ホーム	2面3線(総武線)、2面4線(武蔵野線・京葉線)
乗車人員	130,814人

西船橋駅(昭和44年)
営団地下鉄(現・東京メトロ)東西線が延伸してきた西船橋駅。電車区間臨時出札所が設けられ、全通(開通)を祝う幕も見える。

撮影:山田虎雄

撮影:山田虎雄

西船橋駅北口(昭和44年)
路線バスのターミナルがあり、現在は船橋市役所、行田団地、白井駅などへ向かう便が発着している。

西船橋駅北口(現在)
西船橋駅北口の景観。改良が進み開業当時の面影はない。平成17年には駅ナカ「Dila西船橋」もオープンした。

　現在は「西船」と呼ばれる沿線の主要駅であり、武蔵野線、京葉線と交わって、東京メトロ東西線、東葉高速鉄道東葉高速線も乗り入れる西船橋駅だが、その開業は昭和33(1958)年と半世紀余りの歴史しかない。しかし、その発展ぶりは目覚ましく、利用客数も千葉県内のJR駅では第2位(1位は船橋駅)、他線も合わせるとトップの数も誇る。

　「西船橋」は駅名であり、駅付近の地名は「西船」1〜7丁目となっている。この地名「西船」が誕生したのは昭和41(1966)年とその翌年で、従来あった海神町北、山野町、葛飾町などが変更されたものである。また、北側にある京成本線の葛飾駅も、昭和62(1987)年に「京成西船」駅に改称された。京成の元の駅名は、船橋市に合併される前の「葛飾」町(村)からとられた。

　鉄道(駅)の歴史に戻れば、昭和44(1969)年に営団地下鉄(現・東京メトロ)東西線が延伸・開業して、総武緩行線との直通運転が開始された。昭和53(1978)年には武蔵野線が開業し、昭和61(1986)年に京葉線の開業が続いた。平成8(1996)年には、東葉高速鉄道の東葉高速線が開業している。

西船橋駅のホーム（昭和42年）
D51が牽引する上り貨物列車。下り線は101系が停車中。この当時、中山競馬場の最寄り駅は京成電鉄の東中山駅だったが、武蔵野線船橋法典駅開業前は国鉄（現・JR）の西船橋駅で、開催時には乗客が多かった。

西船橋駅ホーム（昭和42年）
最後尾がクハ79形300番代の上り電車。昭和33年に開設されたが、当時の国電の新設駅は「島式ホームに橋上駅」というのが定番であった。

西船橋駅の郵便・荷物車（昭和44年）
10系郵便・荷物車のキユニ19。この車両は新製時から改造による改番が繰り返されたユニークな車両で、キハ44200→キハ19→キニ16の経緯を辿ってきた。

古地図探訪
昭和30年／西船橋駅付近

地図上を見渡して、「西船橋」と書かれた場所はなく、昭和33(1958)年の西船橋駅の開業を機にして、周辺が変化、発展したことが見えてくる。当然、武蔵野線も開業しておらず、京成本線の葛飾（現・京成西船駅）とその南にある葛飾神社が、現在のJR駅の位置を探す手掛かりとなる。その場所は、地図中央付近の「文」マークのある場所で、この地にあった船橋市立葛飾小学校は駅誕生とともに京成西船駅の北側に移転している。また、葛飾神社の東側にあった勝間田池は埋め立てられて、勝間田公園に変わっている。地図の東側には山野浅間神社、南側には日枝神社が見える。

愛称「ナメクジ」の牽く上り貨物（昭和44年）
撮影：矢崎康雄

総武線のD51は新小岩機関区の所属。1000両を超すD51のなかで、D51 21は初期のグループ。総武線のホームは折り返しができるよう中線ができている。

最後尾のクモハ73形中野行き（昭和44年）
撮影：矢崎康雄

総武線で活躍したクモハ40・41などの3扉車はほとんどなく、4扉のモハ72形、クハ79形、サハ78形で編成されている。地下鉄東西線西船橋駅の開業日。

総武線の貨物支線

《越中島支線》
昭和4年に亀戸〜小名木川間が開業し、昭和33年に越中島駅まで延伸開業。昭和46年に起点が新小岩操車場駅に変更された。さらに新小岩操車場駅が廃止された昭和61年に起点が小岩駅に変更。平成12年には小名木川駅が廃止され、現在、跡地は商業施設となっている。

《新金線》
その名の通り新小岩操車場と金町駅を結ぶ路線であり、大正15年に開業した。読み方は「しんきんせん」と呼ぶ場合が多い。昭和3年に新小岩操車場が新小岩駅に変更され、さらに昭和39年には全線で電化された。越中島支線同様、昭和61年に起点が小岩駅に変更された。総武線と常磐線を直接結ぶ路線のため、以前から旅客化の話はあったものの具体化はしていない。余談だが平成26年より路線バスで「新金01系統」が誕生した。土休日のみの運行だが、まさしく新小岩駅と金町駅を結ぶ路線であり、途中、京成小岩駅や柴又帝釈天を経由する。

亀戸付近のDD51牽引の貨物列車（昭和54年）
撮影：矢崎康雄

常磐線金町駅のホームからEF65を見る（昭和56年）

中川橋梁を渡るEF64牽引の貨物列車（年代不詳）

下り線をD51牽引の貨物列車が通過する（昭和44年）
東西線ホームから船橋方向を見る。左が総武線上り、右側が東西線B線すなわち東行で、この先、総武線の上りをオーバークロスして総武線下りに入る。

地下鉄東西線5000系が並ぶ（昭和44年）
東西線の千葉県内と江戸川区内の区間は地下鉄でありながら、地上の高架線を走っている。快速運転も実施し、当時は浦安も通過して西船橋〜東陽町間がノンストップであった。

西船橋駅北口（昭和33年）　提供：船橋市
開業当時の様子を望む。駅の周辺はまず千葉街道側の北口から開発が進んだ。この時期の南側は水田地帯であり、今とは想像がつかないほど牧歌的な雰囲気を醸し出していた。

武蔵野線と並ぶ臨時の185系（平成15年）
左の185系は「旅のプレゼント、さいたま号」に使用され西船橋の武蔵野線・京葉線ホームに姿を見せた。右は武蔵野線の205系。

珍客の211系（平成15年）
高崎線用211系が「ひまわり号」として西船橋に到着。「ひまわり号」は障害者専用の団体臨時列車として国鉄時代に誕生した。

E231系800番代（現在）
平成15年に10両編成7本が投入された新系列グループ。三鷹〜中野〜西船橋〜津田沼間で運用されているが、東葉高速鉄道には乗り入れない。

ふなばし
船橋

千葉第2位、60万人都市の玄関口
東武野田線連絡、京成船橋駅も近い

開業年	明治27(1894)年7月20日
所在地	船橋市本町7-1-7
キロ程	23.2km(東京起点)
駅構造	高架駅
ホーム	2面4線
乗車人員	136,575人

船橋駅のホーム（大正期）
総武鉄道としての開業時から主要駅だった船橋駅。その後、初代北総鉄道(現・東武野田線)との連絡駅となり、広い構内を誇っていた。
所蔵：柏木崇人

撮影：荻原二郎

船橋駅南口（昭和41年）
戦後に誕生した船橋駅南口の二代目駅舎。コンクリート造りのシンプルな外観を見せていた。

船橋駅南口（現在）
「JR口」とも呼ばれている船橋駅の南口。一方の北口は「東武口」と呼ばれ、東武駅ビルの東武百貨店船橋店がある。

撮影：荻原二郎

船橋駅北口（昭和41年）
木造の出札口、改札ボックスが残っていた頃の船橋駅北口。すぐ前の駅前広場にタクシーが停車している。

船橋駅北口（現在）
船橋駅北口のペデストリアン・デッキは、駅前に建つ東武百貨店船橋駅などに続いている。

　船橋市は人口60万人を超す千葉県第二位の大都市であり、船橋駅はその玄関口となっている。総武鉄道の駅として開業したのは明治27(1984)年7月のことで、大正12(1923)年には北総鉄道(現・東武鉄道野田線)の船橋駅も開業している。

　「船橋」の地名、駅名の由来は、川に舟を浮かべて、人が渡った船橋に由来する。古くは川幅の広かった海老川に小舟を浮かべて繋ぎ、「船橋」を作ったといわれている。この地は江戸時代には宿場町、集積場として栄え、明治22(1889)年に海神村、五日市村、九日市村が合併して、船橋町が成立した。昭和12(1937)年、船橋町に葛飾町、法典村などが加わり、千葉県で4番目となる船橋市が誕生している。戦後の昭和28(1953)年に二宮町、昭和29(1954)年に豊富村を編入し、行田、芝山団地などの建設もあり、昭和57(1982)年には人口50万人を突破した。

　JRの船橋駅に対する京成本線の駅がすぐ南側に位置する京成船橋駅である。西船橋駅まではJR線の北側を走ってきた京成本線だが、船橋駅の手前、海神付近で交差して、今度は南側を行くことになる。ともに住所は本町(JR駅が7丁目、京成駅は1丁目)であり、至近距離に位置している。

撮影：矢崎康雄

船橋～西船橋間の急行「そとうみ」(昭和42年)

列車名「そとうみ」は、同時に誕生した「うちうみ」同様に利用が低迷。僅か9ヵ月に「そとうみ」は「そと房」に、「うちうみ」は「うち房」に改称された。

船橋大神宮(大正期)

古木に囲まれ、厳かな雰囲気が漂う船橋大神宮。平安時代の延喜式には「葛飾郡意富比神社」の名称で登場する。

船橋漁港

毎月第3土曜日の朝、東京湾で獲れる新鮮な魚介類、アジやサバ、アサリなどを販売する船橋漁港の朝市で知られる

ふなばし三番瀬海浜公園

ミヤコドリをはじめとする野鳥の飛来地として知られる三番瀬にあり、潮干狩りも楽しめる海浜公園。野球場、テニスコートなどもある。

船橋塩田(大正期)

江戸時代、行徳の塩浜地区にあった塩田はやがて東の船橋方面に移る。明治から大正にかけて、船橋の三田浜塩田で塩作りが行われていた。

古地図探訪
昭和30年／船橋駅付近

西船橋駅まで国鉄線の北側を走っていた千葉街道(国道14号)と京成本線は、船橋駅の手前で交差して南側に移る。船橋駅と京成船橋駅はともに船橋市本町に位置し、至近距離の連絡駅となっている。両駅の中間付近に見える昭和産業工場は移転し、現在は西武船橋店が営業している。この時期、駅の南側の千葉街道沿いには、警察署や消防署、公民館、千葉銀行など船橋の行政・経済の中心的な役割を果たす施設が存在していたが、現在は移転している。それに代わり、船橋市中央図書館が誕生している。一方、地図上で空白(更地)だった駅の北側にはその後、東武百貨店船橋店やイトーヨーカドー船橋店が誕生し、大いに発展している。

船橋駅付近、空撮（昭和40年）
高架駅に生まれ変わる前、船橋駅付近の空撮。上側が南口で、中央やや右側の西武船橋店は昭和42（1967）年に開店した。

船橋駅南口（昭和45年）
この区間が複々線化され、高架駅になる前の船橋駅南口。現在のような駅前の広い空間は開かれていなかった。

船橋駅南口（平成12年）
船橋駅南口を南側から見る。再開発のフェイスビルが建設前。このビルを通してJRの船橋駅と京成船橋駅が2階通路でつながった。

船橋駅周辺（昭和47年）
再開発される前の船橋駅周辺、路線バスの見える風景。

船橋駅周辺（昭和33年）
商店街の前に自動車が並ぶ街角、船橋駅前の風景と思われる。

船橋駅に停車しているE217系（現在）
平成6年に登場した次世代電車E217系は113系淘汰の目的もあり平成11年まで増備が続けられた。現在は横須賀線側の鎌倉車両センターに所属している。

ひがしふなばし
東船橋

昭和56年、幕張本郷駅と同時に開業
南に県立、北西に市立の船橋高校あり

開業年	昭和56(1981)年10月1日
所在地	船橋市東船橋2-10-1
キロ程	25.0km（東京起点）
駅構造	地上駅（橋上駅）
ホーム	1面2線
乗車人員	19,134人

東船橋駅南口（現在）
昭和の終わり頃に建設され、スマートな外観をもつ東船橋駅の駅舎。駅前には、規模の大きなロータリーが設けられている。

撮影：山田康雄

東船橋駅南口（昭和56年）
千葉駅までの複々線化が完成した昭和56(1981)年に誕生した東船橋駅南口。橋上駅舎の前には、広いロータリーが設けられた。

撮影：大庭幸雄

東船橋駅の工事風景（昭和55年）
幕張本郷駅と同時開業された東船橋駅。その後総武線に新駅は誕生していない。

提供：船橋市

東船橋駅のテープカット（昭和56年）
大勢の人の拍手に送られて、新駅のスタートを切った東船橋駅。開業式のテープカットの風景。

提供：船橋市

東船橋駅のバス乗り場（昭和56年）
整備された東船橋駅の駅前バスターミナルに到着した路線バスから、次々と人が降りてきた。雨の日の通勤、通学風景。

　隣りの船橋駅、その手前の西船橋駅よりも「若い駅」がこの東船橋駅である。開業は昭和56(1981)年10月、幕張本郷駅と同じ日である。

　この駅の所在地は東船橋2丁目であるが、北側には市場、駿河台、南側には宮本、谷津などの地名が残っている。船橋駅を過ぎても、ほぼ真っ直ぐに東に向かっているJR線に対して、京成本線は京成船橋駅を過ぎると大きく南側にカーブして進む。そのため、この東船橋駅に対する、京成本線の船橋競馬場駅はかなり南に位置している。

　この東船橋駅の南側には千葉県立船橋高校、北西には船橋市立船橋高校、その北には千葉県警船橋警察署が置かれるなど、「船橋」を名称とする公的機関の存在が目立つ。また、少し離れた南西には、古い歴史をもつ船橋大神宮（意富比神社）が鎮座している。

地下鉄東西線との乗り入れ

帝都高速度交通営団(現・東京メトロ)は、中央線・総武線の混雑緩和のためのバイパス路線として、昭和37年9月に中野〜西船橋間の東西線建設が着手した。昭和39年12月に高田馬場〜九段下間が開業したのち、昭和41年3月に運転区間を中野〜竹橋間に延長して、中央線との接続を果たした。

一方、東方面では大手町・日本橋・東陽町と次第に路線を伸ばして昭和44年3月に東陽町〜西船橋間を開業し、平日ラッシュ時には総武線の津田沼まで乗り入れを開始。東西線は総武線のバイパスの役割を担うこととなる。

国鉄(現・JR)の乗り入れ車両は、昭和41年に国電初のアルミカーの301系が投入された。当初は地色のままで前面には帯色がなかった。昭和45年には増強用として103系1200番代が登場し、301系とともに活躍した。平成3年には常磐緩行線(地下鉄千代田線乗り入れ用)の103系1000番代も転属した。帯色は当初黄色が採用されていたが、205系が総武・中央緩行線に登場した際、誤乗防止のため東西線のラインカラーの水色に変更された。その後、老朽化により301系と103系は平成15年までに廃車され、E231系800番代に置き換えられた。

船橋から津田沼へ向かう営団5000系(昭和40年代後半) 撮影:大庭幸雄

葛西付近の301系(昭和61年) 撮影:荻原二郎

妙典付近の103系1200番代(平成15年) 撮影:小川峯生

津田沼駅に到着した東京メトロ05系(現在)

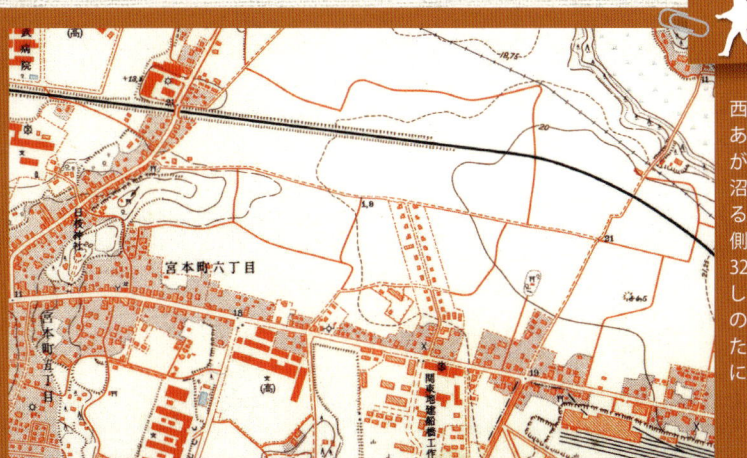

古地図探訪
昭和30年／東船橋駅付近

西船橋駅と同様、東船橋駅が開業する前の地図であり、現在の駅所在地周辺には農地(耕作地)が広がっている。地図の右下、南西側には広大な津田沼電車区(JR東日本習志野運輸区)の敷地が見える。そのほかで目立つのは、現在も駅の北側と南側にある2つの高校である。北西にあるのは昭和32(1957)年に開校し、サッカー、野球の名門校として全国的に有名な船橋市立船橋高校、南にあるのは大正7(1918)年に東華学校としてスタートした千葉県立船橋高校である。市立船橋高校の西側には総武病院が存在している。

つだぬま
津田沼

明治28年、総武鉄道以来の主要駅
3村の「津」「田」「沼」で地名、駅名

開業年	明治28(1895)年9月21日
所在地	習志野市津田沼1-1-1
キロ程	26.7km(東京起点)
駅構造	地上駅(橋上駅)
ホーム	3面6線
乗車人員	104,082人

津田沼駅北口(昭和35年) 撮影：荻原二郎
すっきりした瓦屋根の地上駅舎だった頃の津田沼駅北口。駅の周辺には高い建物がほとんど見当たらない。

津田沼駅南口(平成25年) 撮影：杉﨑行恭
駅前の南北に大きなバスターミナルがある津田沼駅。南口側には、JR系列のホテルメッツ津田沼がそびえている。

津田沼駅(昭和47年) 撮影：荻原二郎
昭和47(1972)年、両国～津田沼間の複々線化が完成し、津田沼駅の駅舎も橋上化された。

津田沼駅南口(昭和61年) 提供：習志野市
ペデストリアン・デッキから長い歩道用が延びている津田沼駅南口。ホテルなどの建設も進められていた。

　津田沼駅は明治28(1895)年、総武鉄道の駅として開業している。当時の駅周辺には、明治22(1889)年の町村合併により、新しくできた「津田沼」村が存在していた。この地名は新しいもので、合併前の主要な村だった「谷津」「久々田」「鷺沼」からそれぞれ一字ずつを取って作られた。その後、明治36(1903)年に町制が敷かれ、昭和29(1954)年に習志野市となるまで、「津田沼」町が存在していた。戦後の昭和22(1947)年には、新京成線が開通し、始発駅である新津田沼駅が開業した。このときの駅は現在よりもJR駅寄りにあり、その後も位置は変遷している。一方、京成本線には、大正10(1921)年に津田沼駅が開業している。この駅は昭和6(1931)年、京成津田沼駅に駅名を改称。昭和28(1953)年には新京成線が延長されて、京成津田沼駅に乗り入れた。JR津田沼駅と新京成の新津田沼駅の距離は近いものの、京成津田沼駅とはかなり距離が離れている。

　津田沼を語る上で、忘れてならないのは、陸軍鉄道連隊の存在である。当初、津田沼には鉄道第一連隊が置かれ、この連隊が千葉に転じた後には、第二連隊が津田沼に置かれた。現在、駅の南西にある千葉工業大学津田沼キャンパスには、鉄道第二連隊正門が残り、国の登録有形文化財となっている。

新京成線と113系
（平成元年）
京成津田沼～新津田沼間の単線区間で総武線と交差する。新京成は戦前の陸軍鉄道連隊の演習線を利用し、徐々に松戸方面に延伸した。

撮影：矢崎康雄

津田沼付近のジョイフルトレイン（平成26年）
登場は平成3年であり古参の部類に入る。国鉄を代表する形式の一つである485系を改造した車両であり、愛称は「リゾートエクスプレスゆう」。勝田車両センターに配置されている。

撮影：矢崎康雄

新顔のE231系500番代A520編成（現在）
山手線のE231系は順次E235系に置き換えられることになり、これに先立ちトウ520編成は帯色を変更、各種改造を受け平成26年暮れから総武・中央緩行線で運行が開始された。

津田沼駅南口（昭和54年）
橋上駅舎となり、ペデストリアン・デッキが設けられた津田沼駅。奥に北口側のパルコのビルが見える。

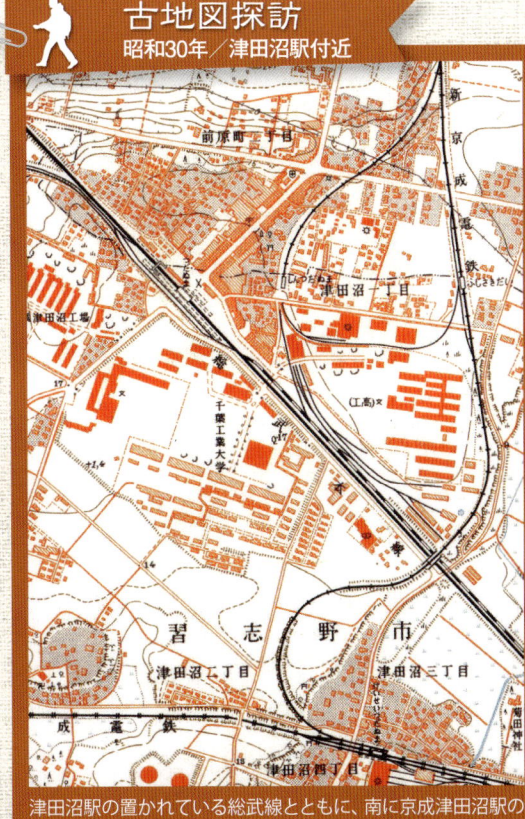

古地図探訪
昭和30年／津田沼駅付近

津田沼駅の置かれている総武線とともに、南に京成津田沼駅のある京成本線、東に新京成線の見える地図だが、新京成線には津田沼駅の東、新津田沼駅とともに藤崎台駅が存在することがわかる。昭和43（1968）年、新京成線のルートが変更されるとともに新津田沼駅の移転が行われ、旧ルート上にあった藤崎台駅は廃止された。津田沼駅の南、地図の中央部分を占める千葉工業大学は昭和25（1950）年、鉄道第二連隊の跡地を取得し、津田沼校舎をこの地に建設した。駅の北東にある津田沼十字路では、千葉県道69号と135号が交差している。

津田沼駅北口駅前（昭和40年）

橋上駅舎になる前の津田沼駅北口駅前、複数のバスの姿がある。瓦屋根の駅舎、ホームに沿線主要駅の貫録がのぞく。

提供：船橋市

幕張へ向かう40系電車（昭和36年）

津田沼駅東方で新京成線をアンダークロスする総武線の「顔」だった40系のクモハ60形。戦前の20m通勤型の標準車で両運転台付き。昭和42年まで活躍した。

撮影：小川峯生

津田沼電車区の配給車（昭和39年）

現在の習志野運輸区の場所である。配給車とは主に車両工場と車両基地との間で車両に関する保守部品などを配送するために使用される事業用車両のこと。

撮影：矢崎康雄

津田沼付近の旧型国電（昭和38年）

昭和9年から活躍してきたクモハ41形。関東では常磐線に集中投入し、以後、山手、京浜東北、中央、総武の各線にも順次投入された。

撮影：伊藤昭

津田沼付近の101系

101系引退で、貸切電車として運転された「ニッセイわかば号」。総武緩行線以外を走行できるよう運転台窓下からひき通し線が出ている。

撮影：矢崎康雄

40

谷津遊園（昭和戦前期）
大正14（1925）年に京成遊園地として開設され、長く千葉県民や東京都民に親しまれてきた谷津遊園の全景。

鉄道連隊津田沼停車場（大正期）
津田沼には当初、鉄道第一連隊が置かれ、千葉・都賀へ転出後は鉄道第二連隊の拠点となった。

所蔵：柏木崇人

鉄道連隊

　戦時下において、戦地で鉄道の建設、運転などを行っていたのが鉄道連隊である。日本においては日清戦争後に鉄道大隊として編成され、明治40（1907）年に連隊に昇格した際、東京から千葉に移されている。その後、第一連隊は都賀、第二連隊は津田沼に置かれ、その演習線として習志野線、下志津線、松戸線が使用された。

　このうち、松戸線は戦後、新京成線の線路に転用されている。習志野線は陸上自衛隊の鉄道部隊である第101建設隊の演習線として使用された。また、第一連隊の作業場は千葉公園になっている。

鉄道第一連隊（大正時代）

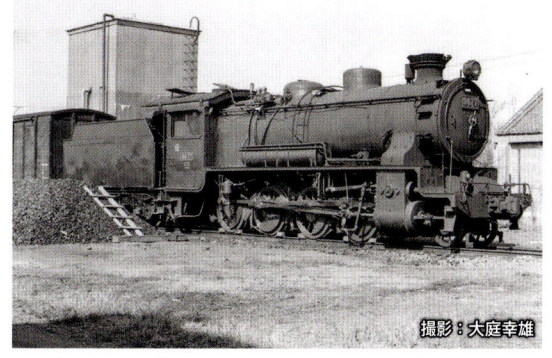

陸上自衛隊第101建設隊の蒸気機関車9677（昭和36年）
撮影：大庭幸雄

まくはりほんごう
幕張本郷

昭和56年に開業、後に京成幕張本郷駅も千葉市の西端近く、花見川区に存在

開業年	昭和56(1981)年10月1日
所在地	千葉市花見川区幕張本郷1-1-1
キロ程	29.6km(東京起点)
駅構造	地上駅(橋上駅)
ホーム	1面2線
乗車人員	26,981人

幕張本郷駅、開業日(昭和56年)
昭和56(1981)年10月1日に開業した幕張本郷駅。駅の誕生を祝うテープカットが盛大に行われた。
提供：習志野市

幕張本郷駅(現在)
総武線と京成千葉線の駅が一体となっている幕張本郷駅。昭和56(1981)年に開業したため、駅舎は比較的新しい。

幕張本郷駅(昭和56年)
JR総武線、単独の駅として開業した当時の幕張本郷駅。遅れること10年、平成3(1991)年に京成千葉線の京成幕張本郷駅も開業した。
撮影：山田虎雄

幕張本郷付近の急行(昭和57年)
総武快速線開業と同時に開設された幕張電車区(現・幕張車両センター)の横を通過する急行「内房」の165系。
所蔵：フォト・パブリッシング

　幕張本郷駅は昭和56(1981)年10月、同じ総武線の東船橋駅と同時に開業した新しい駅である。この駅付近では、総武線は京成千葉線と並行して走っており、京成線上にも平成3(1991)年に京成幕張本郷駅が開業しており、橋上駅舎を共用する両駅ともに千葉市花見川区幕張本郷1丁目に存在している。

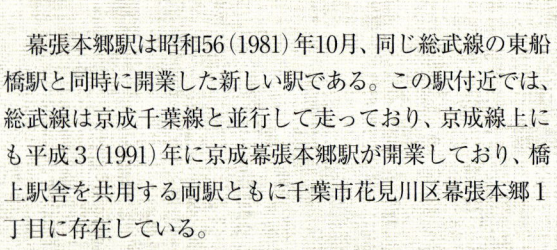

　この幕張本郷駅の西側は、花見川区と習志野市の境目であり、習志野市側には鷺沼、袖ヶ浦、花見川区側には幕張本郷、幕張町の地名がある。また、南(海)側は千葉市美浜区で、こちらは幕張西の地名になっている。

　駅の北側には、総武快速線の上下線に挟まれる形で、幕張車両センターが広がっている。ここはかつての幕張電車区であり、昭和47(1972)年に開設され、平成16(2004)年に現在の名称となっている。

京成千葉線との出会い（昭和57年）

まだ京成線の駅が未開業の頃の風景。京成の車両は3150形で赤電塗装からファイアオレンジの塗色に変更される過渡期の頃と思われる。

所蔵：フォト・パブリッシング

総武線と平行する京成千葉線（昭和56年）

国鉄（現・JR）の駅が開業し、その10年後に京成幕張本郷駅が開業した。幕張メッセやQVCマリンフィールド方面に向かうバスは当駅から頻繁に運転されている。

撮影：山田虎雄

幕張電車区の懐景

113系が多数留置されている。当時は房総特急用の183系なども所属していた。現在は幕張車両センターと名称を変え、209系・255系・E257系などが配属している。

古地図探訪
昭和30年／幕張本郷駅付近

地図の中央付近をほぼ南北に習志野市と千葉市（花見川区）の境界線が通っている。幕張本郷駅があるのは、その境界線のすぐ東側の線路上である。現在は南西側に見えている海岸線がはるか南に遠ざかり、西から伸びてきた京葉道路が幕張本郷駅の東側でJR線の上を越えてゆく。駅の南西には、幕張インターチェンジもできている。この地図ではほとんど建物や公共施設がない駅の南側には、一本松公園や千葉美容専門学校が誕生している。また、駅の北東側には幕張台公園、千葉市立幕張本郷中学校がお目見えしている。

まくはり

幕張

明治27年、幕張村に総武鉄道の駅
幕張メッセ、マリンフィールドが存在

開業年	明治27(1894)年12月9日
所在地	千葉市花見川区幕張町5-121
キロ程	31.6km(錦糸町起点)
駅構造	地上駅(橋上駅)
ホーム	2面4線
乗車人員	16,111人

幕張駅南口(昭和49年)
開業以来の玄関口である、海岸方面に開けている幕張駅南口。橋上駅舎になる前で、右奥にはホームを結ぶ跨線橋が見える。

幕張駅南口(現在)
京成千葉線の京成幕張駅と近接している幕張駅の南口。駅前の空間は狭く、バスロータリーは設置されていない。

幕張駅改札口(昭和49年)
ホームを歩く人、後ろ姿の人のいる幕張駅の改札口風景。地平駅舎時代のワンシーンである。

幕張駅改札口(昭和49年)
窓口の上には路線図、運賃表があり、その横には時計が見える。典型的な出札口の風景の横に、新しくお目見えした自動券売機がある。

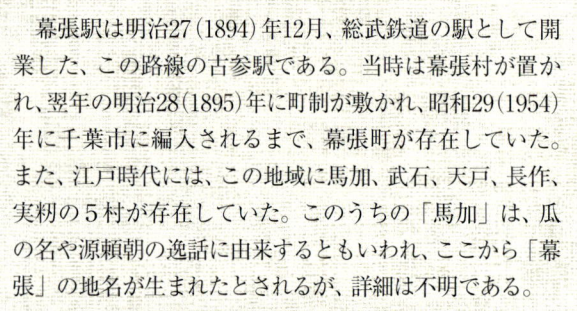

　幕張駅は明治27(1894)年12月、総武鉄道の駅として開業した、この路線の古参駅である。当時は幕張村が置かれ、翌年の明治28(1895)年に町制が敷かれ、昭和29(1954)年に千葉市に編入されるまで、幕張町が存在していた。また、江戸時代には、この地域に馬加、武石、天戸、長作、実籾の5村が存在していた。このうちの「馬加」は、瓜の名や源頼朝の逸話に由来するともいわれ、ここから「幕張」の地名が生まれたとされるが、詳細は不明である。

　一方、JR(国鉄)線の南側を走る京成千葉線にも大正10(1921)年、幕張駅が開業している。この京成線の駅は10年後の昭和6(1931)年、京成幕張駅に改称された。

　現在では、「幕張」の地名は、幕張メッセの存在で全国的に知られるようになった。この幕張メッセは、国内で2番目の規模を誇るコンベンション施設で、平成元(1989)年に開業した。また、隣接する幕張海浜公園には、プロ野球、千葉ロッテマリーンズの本拠地、QVCマリンフィールドがあり、日本サッカー協会の「(仮称)JFAナショナルフットボールセンター」の建設も計画されている。

オレンジ色の103系（昭和57年）

中央快速線に201系が投入され、余剰となった103系が総武・中央緩行線に転入。誤乗防止のステッカーを正面に貼って運行した。同じ姿の101系も同時期に見られた。

撮影：小川峯生

幕張付近の101系（昭和57年）

前年に津田沼～千葉間の複々線化が完了し特急・急行・快速と緩行の運転線が完全分離された。現在、幕張で見られる平日の優等列車は「しおさい」と「成田エクスプレス」のみになった。

撮影：小川峯生

混色の103系（昭和57年）

組み替えにより全車オレンジ色の他、カナリア色との混色編成の103系も登場した。この数年後には常磐快速線や武蔵野線にも、今までにない組み合わせの混色編成が出現した。

撮影：小川峯生

幕張付近の貨物列車（昭和55年）

ディーゼル機関車が牽引するタンク車は、成田空港へのジェット燃料輸送。機動隊員が乗り込み厳重な警備がされたと思われる。

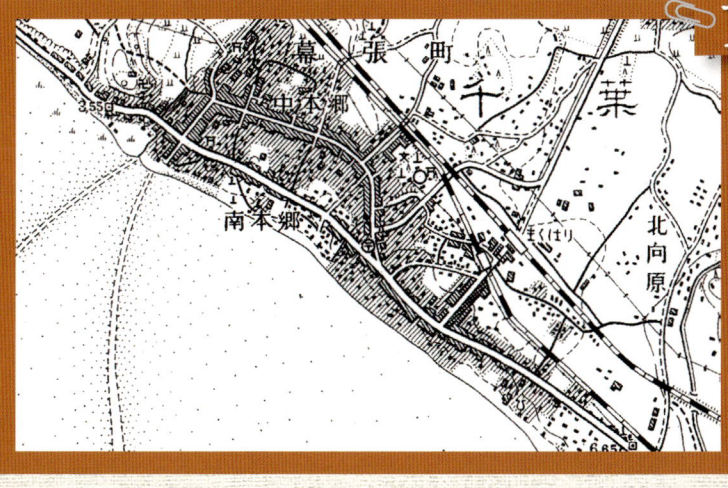

撮影：大庭幸雄

古地図探訪
昭和30年／幕張駅付近

この幕張までは、国鉄の総武線、京成電鉄千葉線が寄り添うように走っており、その線路は現在よりも海岸線にずっと近かった。南側に走る国道14号（千葉街道）がほぼ海岸線に沿って走っており、東京湾に面した砂浜が広がっていた。もちろん、京葉線や東関東自動車道などはまだ開通していない。京成幕張駅は現在よりも東側に位置しており、現在は「鳥居」が見える秋葉神社、「文」の地図記号が見える幕張小学校付近に移転している。また、中本郷付近には、子守神社、道祖神社の地図記号が見える。駅の西側、国道14号線との交差点を起点にする県道57号は、駅付近を通って北東に伸びている。

しんけみがわ
新検見川

昭和26年、総武線上に戦後初の新駅
京成千葉線には大正10年、検見川駅

開業年	昭和26(1951)年7月15日
所在地	千葉市花見川区南花園2－1－1
キロ程	33.2km（東京起点）
駅構造	地上駅（橋上駅）
ホーム	1面2線
乗車人員	23,467人

新検見川駅（昭和42年）
戦後生まれのコンパクトな新検見川駅の駅前にはタクシーが並び、女子生徒たちが並んでゆく。売店、電話ボックスも昭和の風景だ。
撮影：荻原二郎

新検見川～稲毛間の準急「内房」（昭和40年頃）
昭和37年10月に登場したときは、読みは「ないぼう」であったが、昭和40年に「うちぼう」に変更された。昭和41年に急行「うち房」に格上げされる。
撮影：大庭幸雄

幕張～新検見川間の風景（昭和34年）
蒸気機関車牽引の貨物列車が力走する。この時代は幕張海岸が潮干狩りの名所であったが、昭和30年代後半から埋め立てが進み海は遠くなってしまった。
撮影：大庭幸雄

新検見川駅（現在）
昭和53(1978)年に橋上駅舎となった新検見川駅。島式ホーム1面2線をもつ地上駅で、緩行線の各駅停車のみが停車する。

　新検見川駅は昭和26(1951)年7月、総武線では戦後初めての新駅として、誕生している。一方、京成千葉線には大正10(1921)年から、検見川駅が存在していた。そのため、後発である国鉄の駅は、「新検見川」を名乗ることになった。

　「検見川」という地名の由来には「低湿地（ケミ）」によるとする説、徴税検査の「検見・毛見」による説などが存在する。また、現在は区名にもなっている「花見川」は、検見川と同じ由来とされ、花見川が河川名となり、検見川が地名として使用されてきた。江戸時代には、検見川村、畑村、稲毛村があり、明治22(1889)年にこの3村が合併して、検見川村が成立した。明治24(1891)年には検見川町が誕生し、昭和12(1937)年、千葉市に編入されるまで存在した。平成4(1992)年、千葉市が政令指定都市に移行する際、旧検見川、畑村が花見川区、旧稲毛村が稲毛区となった。

花見川を渡るクモハユ74（昭和45年）
幕張〜新検見川間の複々線される前の橋梁。クモハユ74は昭和44年木更津〜千倉間の電化開業に対応、モハ72形から改造された半室、半室郵便室というユニークな電車。

昔の新検見川駅（昭和40年代）
京成電鉄、検見川駅開業の30年後に誕生した新検見川駅。当時は相対式ホームであった。停車している車両はクハ形79形300番代

千葉の海水浴、潮干狩り

　現在では内房、外房の各地で行われている千葉の海水浴、潮干狩りだが、明治、大正から昭和中期にかけてはより東京に近い船橋、稲毛などが「名所」として知られていた。かつて存在した、船橋ヘルスセンターや谷津遊園は、遊園地としての設備とともに春から夏にかけては、潮干狩り、海水浴ができる場所としても人気があった。

　また、稲毛にあった「海気館」は、海水浴を取り入れた転地療養施設として、多くの人々が利用した。ここは明治21（1888）年に開かれた千葉県第一号の海水浴場で、当時は白砂青松の海岸が広がり、風光明媚な観光地だったのである。

古地図探訪
昭和30年／新検見川駅付近

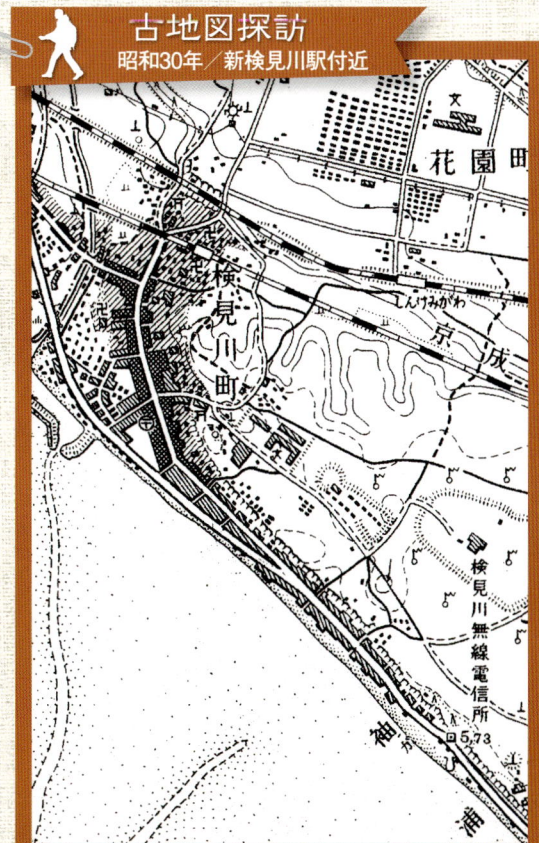

新検見川駅の東側には、検見川町と稲毛町の境界があり、現在は千葉市花見川区と稲毛区の境界に変わっている。この当時は、その南側に逓信省（現・総務省）、日本電信電話公社（現・NTT）の検見川（無線）送信所が存在した（昭和54年に廃止）。現在は、この付近を東関東自動車道が通っており、付近の風景は大きく変化している。駅の南側、海岸線付近を走るのは国道14号（千葉街道）であり、現在はこの沖が埋め立てられ、宅地などに変わり、美浜区役所、京葉線の検見川浜駅などが誕生している。京成千葉線の検見川駅付近には求法山善勝寺、千葉市立検見川小学校などの地図記号が見える。

いなげ

稲毛

明治32年に開業、現在は千葉市稲毛区
松林の浜に海水浴療養施設「海気館」も

開業年	明治32(1899)年9月13日
所在地	千葉市稲毛区稲毛東3-19-11
キロ程	35.9km(東京起点)
駅構造	高架駅
ホーム	2面4線
乗車人員	50,138人

稲毛駅(昭和42年)
高架駅になる前、地平駅舎時代の稲毛駅。海水浴や潮干狩りのレジャー客が乗り降りするシーズンは大いに賑わった。 
撮影:荻原二郎

165系の急行「鹿島」(昭和57年)
昭和50年に両国～鹿島神宮間を結ぶ急行として登場。定期・不定期各1往復だけで本数はさびしかったが、グリーン車も連結し優等列車の威厳は保っていた。
撮影:小川峯生

稲毛駅東口(現在)
千葉有数のベッドタウンの玄関口となっている稲毛駅の東口。駅の高架下は、ショッピングモール「ペリエ」となっている。

183系の特急「あやめ」(昭和57年)
鹿島線直通の特急「あやめ」も昭和50年から運転を開始した。列車名は水郷の観光地・潮来のアヤメから。高速バス充実などの理由により平成27年3月に廃止された。
撮影:小川峯生

　稲毛駅は明治32(1899)年9月、当時の総武鉄道の幕張・千葉間に誕生している。その後、西側を走る京成千葉線には大正10(1921)年7月、「稲毛」駅が開業、昭和6(1931)年に現駅名の「京成稲毛」に改称した。
　「稲毛」の地名の由来は不詳だが、古代の役人の役職名「稲置」と関連するともいわれる。江戸時代には稲毛村が存在し、一時は検見川町(村)に合併されたが、昭和12(1937)年に千葉市の一部となり、平成4(1992)年に千葉市稲毛区が生まれている。
　稲毛(海岸)といえば、潮干狩りや海水浴で有名であり、松林の砂浜が埋め立てられる前には、稲毛浅間神社付近にあった海水浴療養施設「海気館」も広く知られていた。明治21(1888)年、「稲毛海気療養所」として設立され、戦後も旅館として存在していた。ここには森鷗外、島崎藤村、徳田秋声ら多くの文人墨客が訪れて執筆を行い、林芙美子の短編『追憶』などの舞台にもなっている

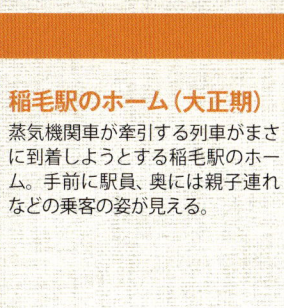

稲毛駅のホーム（大正期）
蒸気機関車が牽引する列車がまさに到着しようとする稲毛駅のホーム。手前に駅員、奥には親子連れなどの乗客の姿が見える。

稲毛付近のディーゼル急行（昭和49年）
この撮影時、内・外房線の急行は電車化されており、気動車は「犬吠」「水郷」のみであった。写真は成田、佐原方面に向かう「水郷」

撮影：大庭幸雄

稲毛駅の101系（昭和56年）
昭和56年に快速停車駅となった稲毛駅。総武線の錦糸町〜千葉間は複々線化されてはいるものの、列車別ホームのため「緩急接続」には適していない。

撮影：髙橋義雄

見所スポット

稲毛浅間神社
大同3（808）年、富士山本宮浅間神社から勧請された神社で、木花咲耶姫を祀る。かつては、一の鳥居が海上に存在した。

古地図探訪
昭和30年／稲毛駅付近

千葉市に編入されて、現在のような稲毛区に変わる前、稲毛町の頃の稲毛駅周辺である。ここでも国道14号（千葉街道）は海岸付近を走っている。この稲毛の海岸は、明治22（1889）年、千葉県で初めて海水浴場が開かれた場所であり、京成稲毛駅付近にあった、海岸療養施設「海気館」でも知られた土地だった。

地図上で駅の北東に見える千葉大学文理学部は移転したが、現在も一部の施設は残っている。その東にあった県立千葉第二高は現在、千葉女子高校となっている。また、駅南にあった千葉県警察学校も移転している。その南に見える鳥居の地図記号は黒砂浅間神社である。

49

にしちば
西千葉

昭和17年開業、千葉市中央区に存在
千葉気動車区跡に、西千葉公園が開園

開業年	昭和17(1942)年10月1日
所在地	千葉市中央区春日2-24-2
キロ程	37.8km(東京起点)
駅構造	高架駅
ホーム	1面2線
乗車人員	23,396人

西千葉駅(昭和31年)
太平洋戦争の戦時中に開業した西千葉駅の南口。この当時からメインとなる街の玄関口は、北口だった。
撮影：荻原二郎

西千葉駅(現在)
高架駅である西千葉駅だが、高架橋の高さが低いためにコンコース階は、半地下構造になっている。「ペリエ西千葉」がある。

西千葉駅の気動車(昭和38年)
当駅西寄りに千葉気動車区がある。房総、北総地区の気動車を担当していたので出入庫線を走る気動車を見ることができた。
撮影：伊藤威信

西千葉駅のホーム(昭和31年)
海水浴帰りの客がホームにて電車を待っている様子。疲れているのだろうか、ホームの床にしゃがみこんでいる人も多く見受けられる。
撮影：大庭幸雄

　西千葉駅の付近から、総武線は千葉市の中心部である中央区を進むことになる。この中央区には西千葉のほか、千葉、東千葉という総武線の3駅が存在し、西千葉は千葉に続いて2番目に歴史が古く、昭和17(1942)年10月の開業である。

　西千葉駅の所在地は、中央区春日2丁目であり、線路の南側は春日、北側は松波という地名に分かれている。また、駅北の稲毛区側には千葉大学西千葉キャンパス(法経学部、文学部など)のほか、付属小・中学校、東京大学生産技術研究所、さらに千葉経済大学のキャンパスなどが広がっている。

　また、これらのキャンパスの南側、総武線の線路に挟まれる形で細長く続いている西千葉公園はかつて、国鉄の千葉気動車区があった場所である。ここは電化前、房総方面に向かう気動車(ディーゼルカー)の車両基地で、昭和29(1954)年から昭和50(1975)年まで存在した。
　この駅には北口、南口にそれぞれバスロータリーがあり、作草部駅、千葉駅東口、千草台団地、みつわ台車庫などに向かう千葉内陸バス、ちばシティバス、京成バスなどが発着している。

千葉気動車区

現在の稲毛〜西千葉駅間にあった千葉気動車区は昭和29（1954）年、房総東・西（外房・内房）線を戦後、気動車化モデル線区にするにあたり発足した。全国初の気動車の基地であり、昭和50（1975）年に閉区されるまで、国鉄を代表する気動車（ディーゼルカー）のキハ10、キハ20、キハ35などが所属していた。

現在、跡地の一部は西千葉公園となっており、車輪を用いたモニュメント「車輪の響く所、文化あり」が設置されている。

試作ディーゼル機関車DF931が見える（昭和38年）

撮影：大庭幸雄

陸軍歩兵学校（昭和戦前期）

大正元（1912）年に東京で創設され、間も無く千葉の都賀村（現・千葉市天台）に移された陸軍歩兵学校。

見所スポット

千葉県護国神社

元は千葉県庁公園にあり、千葉県招魂社と呼ばれていた。昭和14（1939）年に現社名に改められ、昭和42（1967）年に現在地に遷座した。

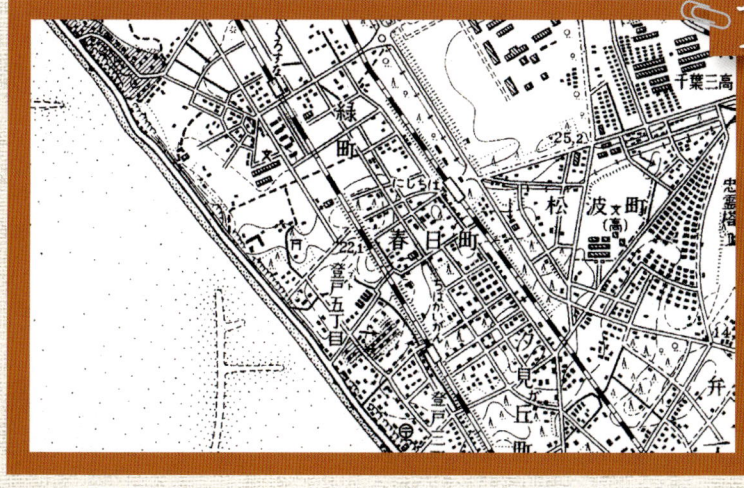

古地図探訪
昭和30年／西千葉駅付近

総武線にはこの西千葉駅があり、京成千葉線には黒砂と千葉海岸の2駅が見えるが、その後、海岸が沖合に移ったために両駅は、みどり台駅と西登戸駅に改称している。地図上には、現駅名の由来となった緑町と登戸の地名がある。

西千葉駅の北東には、千葉大学の広いキャンパスがあり、その東側に千葉第三高は現在の県立千葉東高校である。駅の西側、登戸五丁目付近にある鳥居の地図記号は石尊神社である。また、京成の黒砂駅の西側では、ロータリーから国道14号（千葉街道）方向へ放射状に道路が伸び、住宅地が開発されていた様子がわかる。

ちば
千葉

明治期に総武鉄道、房総鉄道の駅から昭和38年、現在の千葉機関区跡地に

開業年	明治27(1894)年7月20日
所在地	千葉市中央区新千葉1-1-1
キロ程	39.2km(東京起点)
駅構造	地上駅
ホーム	5面10線
乗車人員	105,812人

千葉駅(昭和38年)
昭和38(1963)年、現在地に移転して完成した千葉駅の駅ビル。「千葉駅 ステーションビル」の文字が見える。

旧千葉駅の旧型国電(昭和37年)
西千葉及び本千葉(当時)寄りからの風景。御茶ノ水行きの旧型国電が発車する。この約2年後に101系が登場する。

蒸気機関車と気動車(昭和42年)
左4番線に停車しているC57形は房総西線(現・内房線)、右のキハ30系気動車の安房鴨川行きは房総東線(現・外房線)に向かう。

8番線に停車している気動車(昭和43年)
当時は7・8番線から八日市場・銚子・成田・佐原方面への全ての列車が発着していた。左上には千葉〜佐倉〜成田間の電化完成の看板が掲げられている。

　千葉駅は明治27(1894)年7月、総武鉄道(現・総武線)の開通時に開業し、現在は千葉最大の駅となっている。当時は現在とは異なる場所、約800m東側の現・千葉市民会館付近にあった。その後、房総鉄道(現・外房・内房線)が乗り入れて、総武鉄道とともに国有化されると、東京方面からの列車は房総方面に向かう際にスイッチバックを行う不便さが生じたため、昭和38(1963)年4月、千葉機関区があった現在地に千葉駅が移転している。

　千葉の地名、駅名の由来については諸説があるが、「数多くの葉が繁茂する」といった意味ともいわれ、万葉集の中でこの地出身の防人が詠んだ和歌の中に「千葉」の文字が登場する。中世には、桓武平氏の流れを汲む千葉氏一族がこの地を治め、維新後の明治6(1873)年には印旛県、木更津県の合併により千葉県が誕生し、千葉町に県庁が置かれた。大正10(1921)年には、県下で初となる千葉市が誕生している。

　千葉駅の南東側には現在、京成千葉駅が置かれており、両者は連絡している。また、平成3(1991)年には千葉都市モノレール(タウンライナー)2号線、平成7(1995)年には同1号線が開業し、ターミナル駅としての役割は大きくなっている。

旧千葉駅構内西側（昭和27年）
手前のカーブは本千葉方面に向かう房総東線（現・外房線）、左カーブが総武線の両国方面、中央は機関区への引込み線で白い建物は電務区である。

撮影：大庭幸雄

旧塗装との混結気動車（昭和36年）
旧千葉駅に停車しているキハ17系。昭和29年に房総地区に配備された。最盛期には120両近く在籍し主に千葉以東各線で活躍した。

撮影：伊藤威信

古地図探訪
昭和30年／千葉駅付近

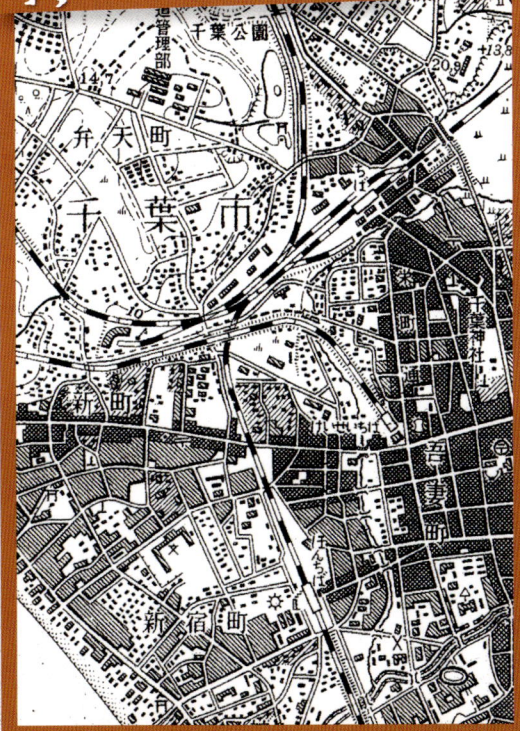

移転前の現在より東側にあった国鉄の千葉駅、京成千葉駅も現在地と違う場所に位置していた頃の地図である。現在、JRの千葉駅の南にある京成千葉駅（現・千葉中央）は、昭和33年に移転してきた。総武線・外房線・京成千葉線のほか、現在は千葉都市モノレールが通っている千葉公園の外周に、鉄道連隊の演習線が残っていた。
地図上で目立つ建物では、吾妻町の南に見える千葉県庁、新宿町の千葉市立新宿小学校が南（下）側に存在する。京成千葉駅の北西には、千葉神社がある。中央付近を東西に横断する道路は、国道14号（千葉街道）である。

見所スポット

千葉神社
千葉氏の守護神である妙見菩薩を本尊とする寺院、千葉妙見宮として創建され、明治の神仏分離で神社となった。例祭は妙見大祭で、だらだら祭りとも呼ばれる。

旧千葉駅の気動車（昭和37年）
写真から推察すると房総西線（現・内房線）であろうか。この頃の構内踏切には遮断機も備えてなかったと記録されている。

旧千葉駅の開放的な風景（昭和37年頃）
屋根のない跨線橋が時代を物語る。下には全盛時代のキハ17系が停車しており、奥は行き止まりの構造であった。

客車の「わかしお」（昭和43年頃）
夏季臨時列車の「わかしお」。準急としてではなく快速の運用で、房総東線（現・外房線）の勝浦方面を目指した。

外房線・内房線113系電車（平成21年）
リバイバル湘南色と横須賀色の113系。房総地区の113系は0番代、シートピッチ拡大の2000番代、地下区間対応の1000番代、同シートピッチの1500番代が混在していた。

1・2番線のホーム風景（現在）
早朝・深夜を除き中央線の三鷹まで各駅停車は直通運転しているが、夜間帯には武蔵小金井・立川までの運用もある。

ローカル運用の101系（昭和43年）
101系も助っ人に安房鴨川行きとして運用に就いた。長距離運転のためトイレなしの車両では困った乗客も多かったのでは。

高崎車両センターからきた211系（平成21年）
113系の置き換え用として平成18年に211系が転属してきた。帯色も黄色＋薄青の房総色に変更され活躍したが、平成25年に長野地区へ転用された。

千葉駅（大正期）
現在の東千葉駅付近にあった頃の千葉駅の木造駅舎。客待ちをする人力車夫、駅に急ぐ和服の男性など、今は姿を消した世界が広がっている。
所蔵：柏木崇人

千葉市街（大正期）
家屋が密集している千葉市街。左手奥には、昭和36（1961）年まで存在した旧千葉県庁舎が見える。

千葉駅付近（大正期）
人力車が並び、大勢の人が集まった千葉駅付近か。「千葉駅第3回記念会」の説明文が付けられている。

羽衣松（昭和戦前期）
千葉氏の姓の由来となった伝説の残る池田の池、羽衣松。現在は県庁前の羽衣公園に復元されている。

都橋と旧千葉県庁舎（大正期）
明治44（1911）年に竣工した、堂々たる構えの旧千葉県庁舎。手前には、都川に架かる都橋が見える。

55

ひがしちば・つが・よつかいどう

東千葉・都賀・四街道

昭和40年、千葉駅移転跡に東千葉駅
都賀は信号所起源、四街道は明治の駅

東千葉駅（昭和40年代） 撮影：山田虎雄
昭和40（1965）年に開業した東千葉駅。当初から橋上駅舎として建設され、南北を結ぶコンコースが設けれた。

四街道駅の電化完成（昭和43年） 提供：四街道市
総武線の千葉・佐倉間は昭和43（1968）年に電化された。四街道駅の駅前にも電化完成を祝うアーチが架けられている。

都賀駅（昭和43年） 撮影：山田虎雄
大正時代からあった信号所が半世紀以上をへて、駅に昇格した都賀。開業を祝うゲートや幕が飾られている。

都賀駅（現在）
昭和43（1968）年の開業時から橋上駅舎の都賀駅。現在は、千葉都市モノレール2号線の都賀駅と連絡している。

　東千葉駅は昭和40（1965）年12月に開業した新しい駅である。しかし、この付近には昭和38（1963）年まで、移転する前の千葉駅が存在していた。そのため、千葉駅との距離は0.9kmしかなく、利用者はさほど多くはない。

　この駅の北西には、千葉都市モノレールの千葉公園駅があり、その西側には千葉公園が広がっている。

　お隣の都賀駅は、駅に昇格したのが昭和43（1968）年3月で、東千葉駅よりも新しい。大正元（1912）年11月に都賀信号所が置かれ、都賀信号場をへて、昭和40年9月、都賀仮乗降場が開場した歴史をもつ。昭和63（1988）年には、千葉都市モノレールの都賀駅が開業し、連絡駅となった。

　「都賀」という地名、駅名は新しいもので、明治22（1889）年に近隣の10村が合併した際に名付けられた。昭和12（1937）年に千葉市に編入され、その一部となっている。

　四街道駅は明治27（1894）年12月、総武鉄道の駅として開業しており、このときは「四ツ街道」駅だったが、明治40（1907）年に現駅名に改称している。「四街道」の地名、駅名は駅の西側にある「四街道十字路」に由来する。ここは成田山道、千葉町道、東金道、船橋道の4つの街道が交わる場所で、現在も道標石塔が残っている。昭和30（1955）年、千代田町と旭村が合併して四街道町が誕生し、昭和56（1981）年に市制が敷かれ、四街道市となった。

東千葉

開業年	昭和40(1965)年12月20日
所在地	千葉市中央区要町1-10
キロ程	40.1km（東京起点）
駅構造	地上駅（橋上駅）
ホーム	1面2線
乗車人員	2,186人

都賀

開業年	昭和43(1968)年3月28日
所在地	千葉市若葉区都賀3-3-1
キロ程	43.4km（東京起点）
駅構造	地上駅（橋上駅）
ホーム	1面2線
乗車人員	20,153人

四街道

開業年	明治27(1894)年12月9日
所在地	四街道市四街道1-1-1
キロ程	46.9km（東京起点）
駅構造	地上駅（橋上駅）
ホーム	2面3線
乗車人員	22,224人

四街道駅と汽車（大正期）
提供：さいとう写真館

四街道の街は、明治30年に陸軍射撃学校が開校し、軍事都市となる。戦後は陸上自衛隊下志津駐屯地を除いて行政、文化施設、学校、商業施設、住宅地となった。

四街道駅（大正期）

駅の構造は単式ホーム1面1線と島式ホーム1線2線がある四街道駅。左側が現在の北口で、ホーム間は跨線橋で結ばれていた。

四街道駅付近の鳥瞰（昭和戦前期）

木々が建ち並ぶ中に人家が点在する四街道駅付近。ホームの上が駅舎のある北口側で、その南には貨物用のホームも見える。

四街道駅北口（昭和40年代後半）
提供：四街道市

市役所や公共施設が集まり、早くから開けていた四街道駅北口周辺。車の通行量も多かった。

四街道駅北口（昭和戦前期）
所蔵：柏木崇人

昭和56(1981)年に橋上駅舎化される前の駅舎。現在の北口側に、レトロモダンな昭和の姿を保っていた。

四街道駅橋上駅舎完成記念乗車券
提供：四街道市

新駅舎の模型2つがデザインされている。

ものい・さくら

物井・佐倉

物井駅のルーツは明治期の信号所から
総武鉄道開業時の起終点だった佐倉駅

物井

開業年	昭和12(1937)年4月5日
所在地	四街道市物井428
キロ程	51.1km(東京起点)
駅構造	地上駅(橋上駅)
ホーム	2面2線
乗車人員	3,950人

佐倉

開業年	明治27(1894)年7月20日
所在地	佐倉市六崎235-2
キロ程	55.3km(東京起点)
駅構造	地上駅(橋上駅)
ホーム	2面4線
乗車人員	10,341人

佐倉駅(昭和56年)
市街地からやや離れた南側に置かれた国鉄の佐倉駅。駅前のスペースはゆったりと広くとられている。
提供：佐倉市

佐倉駅(大正期)
人力車がズラリと並んだ佐倉駅の駅前。明治27(1984)年、総武鉄道開業時の終点駅だった駅舎は、風格のある大きな瓦屋根の姿だった。
所蔵：柏木崇人

佐倉機関区のD51(昭和44年)
昭和30年、総武鉄道の開業に伴って開設された佐倉機関区。千葉鉄道管理局管内の主力機関区であったが平成9年に廃止された。
撮影：大庭幸雄

佐倉駅での駅弁販売(昭和35年頃)
停車時間が少ないなか「いせや」が立ち売りで販売している。
撮影：川島俊彦

物井駅(平成初期)
平成10(1998)年、橋上駅舎に変わる前、地平駅舎だった頃の物井駅。
提供：四街道市

物井~佐倉間の蒸気機関車(昭和40年代)
物井~佐倉間の亀崎地区付近のワンシーン。
撮影：小林兵之助

　総武線の四街道市内2番目の駅がこの物井駅である。その起源は明治44(1911)年3月に置かれた物井信号所で、大正11(1922)年4月に物井信号場となり、昭和12(1937)年4月に駅に昇格した。

　「物井」の地名の由来は不詳だが、古代には下総国に物部氏と関係する「物部」の郷が存在した。江戸時代には物井村が存在し、明治22(1889)年に合併により千代田村の一部となり、さらに四街道市の一部となり、現在に至っている。

　一方、明治27(1984)年7月、総武鉄道の市川~佐倉間の開通時に起終点として開業したのが佐倉駅である。明治30(1897)年1月には成田鉄道が佐倉~成田間で開業。続いて、同年5月には総武鉄道が成東まで延伸した。両者は後に国有化され、現在は総武線、成田線となっている。

　佐倉の地名、駅名の由来には諸説があるが、「倉」に関係するもので、朝廷に麻布を献上する「麻倉」からきたという説などが存在する。江戸時代、堀田氏11万石の城下町として栄えた。堀田氏の当主は幕閣で老中を努めるなど歴史に名を残した。明治初期には、廃藩置県で佐倉県が置かれたこともあり、明治22(1889)年に佐倉町が成立。昭和29(1954)年に近隣との町村合併により、佐倉市が誕生している。

モノサクを走る列車

物井〜佐倉間の田園地帯は鉄道写真の好撮影地で鉄道ファンから通称「モノサク」と呼ばれている。四街道を過ぎると住宅地も途切れ両側は田畑や森林に風景が変わり、まもなく物井に到着する。さらに佐倉方向に向かえば鹿島川橋梁、寺崎トンネルなどの添景もある。付近の線路は直線と緩いカーブの形状で視界を遮るものがないため撮影の構図もとりやすい。かつての電化前の旧線時代にはSLや気動車の勇姿も見られた。

253系特急「成田エクスプレス」（平成3年）
平成3年成田空港へ乗り入れを開始したと同時に運行を開始した。

撮影：伊藤威信

183系特急「しおさい」（平成3年）
短距離列車のため当初から食堂車は連結していなかった。

撮影：伊藤威信

113系快速（平成3年）
グリーン車の1両のみE217系のサロが使用されている。

古地図探訪
昭和30年／佐倉駅付近

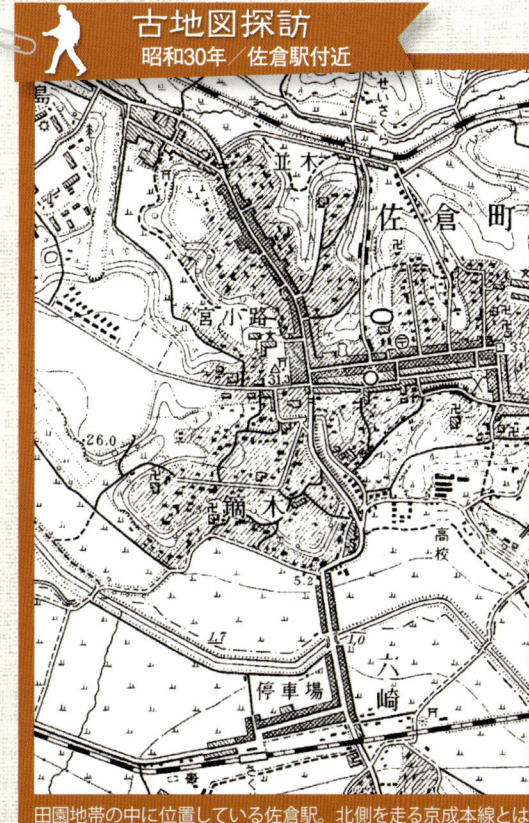

田園地帯の中に位置している佐倉駅。北側を走る京成本線とは約1キロの距離がある。この時期、地図の中央付近、国道296号（成田街道）の新町交差点の東側には、佐倉町役場があったが、現在は北西の佐倉城址公園付近に（佐倉市役所として）移転している。この西側には、麻賀多神社が鎮座しており、新町付近は古くから佐倉の中心となる商業地となっていた。
現在は地図記号に見える千葉銀行佐倉支店、佐倉新町郵便局のほか、佐倉市立美術館、佐倉図書館がある。また、国道の西側には、「佐倉市武家屋敷」として、旧河原家住宅などが保存されている。一方、佐倉駅付近には、ほとんど大きな建物はなかった。

佐倉駅に停車しているキハ28系の急行「水郷」（昭和46年）
この当時、新宿・両国〜銚子・鹿島神宮を結んでいた列車であるが佐倉からは成田線経由となり佐原や小見川などに停車して銚子に至った。

59

南酒々井・榎戸・八街・日向・成東・松尾

みなみしすい・えのきど・やちまた・ひゅうが・なるとう・まつお

榎戸・南酒々井は新旧、八街は主要駅
日向、成東、松尾の3駅、山武市に

南酒々井
開業年	大正3(1914)年9月10日
所在地	千葉県印旛郡酒々井町馬橋569
キロ程	59.3km(東京起点)

榎戸
開業年	昭和33(1958)年4月1日
所在地	八街市榎戸924-2
キロ程	62.2km(東京起点)

八街
開業年	明治30(1897)年5月1日
所在地	八街市八街ほ237
キロ程	65.9km(東京起点)

日向
開業年	明治32(1899)年10月12日
所在地	山武市椎崎300
キロ程	71.7km(東京起点)

成東
開業年	明治30(1897)年5月1日
所在地	山武市津辺305
キロ程	76.9km(東京起点)

松尾
開業年	昭和31(1898)年2月25日
所在地	山武市松尾町五反田1955
キロ程	82.5km(東京起点)

C57牽引の普通列車(昭和35年)
当時としては日常的な一コマ。銚子方面に向かうこの列車は撮影者の記録によると313レと記されている。
撮影：伊藤 昭

榎戸駅(現在)
現在は相対式ホーム2面2線をもつ地上駅の榎戸駅だが、駅舎を橋上化する計画も持ち上げている。

八街駅(平成15年頃)
橋上化される前の二代目駅舎。八街は落花生で有名な街である。
撮影：川島俊彦

松尾駅(昭和49年頃)
明治31(1898)年に開業した当時の木造駅舎が使用されている松尾駅。現在もその外観はほとんど変わらない。
提供：山武市

　酒々井町の南に存在する、南酒々井駅は大正3(1914)年9月に開業した歴史ある駅だが、現在は乗降者数が少なく、無人駅となっている。また、八街市の北に位置するのが榎戸駅であり、こちらは昭和33(1958)年4月に誕生した比較的新しい駅である。当初、無人駅だったが、平成9(1997)年から有人化されている。

　八街駅は明治30(1897)年5月に総武鉄道の駅として開業し、長い歴史をもつ駅である。大正3(1914)年には千葉県営鉄道(後に成田鉄道)の八街線が開業し、連絡駅となっていたが、この線は昭和15(1940)年に廃止された。「八街」の地名は明治政府により、この地域の開墾順序が定められ、8番目として「八街」と命名されたことに由来する。明治5(1972)年、八街村が誕生し、八街町をへて、平成4(1992)年に八街市となった。

　隣りの日向駅も明治32(1899)年10月に開業した古い駅である。この地には日向村が存在したが、山武町をへて、現在は山武市の一部となっている。

　成東駅は八街駅と同じく、明治30年5月に開業した。明治44(1911)年には東金線の成東～東金間が開業している。平成18(2006)年まで成東町が存在したが、現在では合併により山武市が誕生している。山武市内で3番目となる松尾駅は、明治31(1898)年2月に開業している。

通勤型キハ35系（昭和46年）
試作気動車キハ35系900番代は外付けドアが異彩な車両。外版、骨組み、台枠に至るまで全てがステンレス製であった

撮影：荻原二郎

成東駅（昭和40年代後半）
終戦直前の昭和20年、米軍機の機銃掃射により、構内に停車中の火薬搭載貨車が大爆発し、駅舎も全壊した。写真の駅舎は再建された2代目である。

撮影：大庭幸雄

南酒々井駅（昭和46年頃）
大正3（1914）年の開業以来、駅に来る人々を迎えていた南酒々井駅の木造駅舎。昭和50年代まで存在した。

撮影：川島俊彦

成東から日向へ向かう「第一房総」のキハ26系（昭和35年）
昭和33年に登場したばかりの「犬吠」が館山と安房鴨川に向かう仲間と連結したのを機に「房総」と改称。誤乗防止のためサブネームで「犬吠」を残す。

撮影：伊藤 昭

成東駅のホーム風景（昭和46年）
右に停車している気動車は大網方面に向かう東金線の列車。左は昭和41年に準急から急行に格上げされた「犬吠」。

撮影：山田虎雄

日向駅（昭和48年頃）
明治22（1889）年に開業した日向駅。この木造駅舎が昭和50年代後半まで使われていた。

提供：山武市

61

よこしば・いいぐら・ようかいちば・ひがた・あさひ・いいおか・くらはし

横芝・飯倉・八日市場・干潟・旭・飯岡・倉橋

総武開業から横芝・八日市場・旭・飯岡
明治に干潟駅、昭和に飯倉・倉橋の両駅

飯岡駅に停車している209系（2000番代／2100番代）（現在）
京浜東北・根岸線用209系0番代の転用改造で登場した近郊タイプ。両方の先頭車にはボックスシートもある。平成21年から運用開始。

干潟駅（昭和46年）
駅前に売店があった頃の干潟駅。現在は自動販売機が置かれており、左側に見えるポストの形も変わっている。

八日市場駅（昭和46年）
多くのタクシーが客待ちをしている八日市場駅の駅前。この北口広場は平成元（1989）年にリニューアルされた

旭駅（昭和39年）
昭和41（1966）年、駅舎が改築される前の旭駅。明治30（1897）年の開業以来の木造駅舎だった。

旭駅の183系（昭和50年代）
昭和49年の電化により特急「しおさい」が颯爽とデビュー。九十九里浜に沿って銚子・犬吠崎を目指す列車には、打ってつけの列車名。

　山武市を進んできた総武線は、次の横芝光町に入り、横芝駅に到着する。この駅は明治30（1897）年6月に誕生しており、同町唯一の駅である。

　続いて、総武線は匝瑳市内を進むが、この市は難読地名で全国的に有名になった。このあたりの総武線の駅は明治30～31年に開業した古い駅が多いが、飯倉駅はお隣の旭市内にある倉橋駅とともに、昭和30年代に誕生した歴史の新しい駅である。

　匝瑳市内で2番目の駅は、八日市場駅である。この駅の誕生は横芝、旭、飯岡駅と同じ明治30年6月である。「八日市場」の地名、駅名の由来はこの地で、毎月8日に市場

が開かれたことによる。平成18（2006）年までは、八日市場市が存在していた。

　次の旭市内には干潟、旭、飯岡、倉橋の4つの駅が存在する。干潟駅は明治31（1898）年2月の開業で、この付近には江戸時代に干拓された椿海があったことから、地名、駅名が生まれている。

　明治30年6月の開業時には「旭町」駅だったのが、現在の旭市の中心駅、「旭」駅である。駅名改称は昭和34（1959）年10月に実施された。飯岡駅は明治30年6月、当時の飯岡の街から離れた当地に設置された。倉橋駅は昭和35（1960）年6月に開業、現在は無人駅となっている。

八日市場駅北口（昭和56年）
路線バスのターミナルが設置されている八日市場駅の北口。国道126号が通る北側に向けて、駅舎が置かれていた。
提供：匝瑳市

横芝駅（現在）
明治30（1897）年に開業した当時の駅舎が使われている横芝駅だが、屋根や壁面は新しくなっている。

飯倉駅（現在）
単式ホーム1面1線の飯倉駅は、コンパクトな駅舎。平成12（2000）年から使用されている二代目である。

飯岡駅（現在）
平成9（1997）年、開業100年に合わせて改築された飯岡駅。相対式ホーム2面2線をもつ地上駅である。

倉橋駅（現在）
平成20（2008）年に改築されて、大きなガラス窓のある斬新な駅舎に変わった倉橋駅。

横芝
開業年	明治30（1897）年6月1日
所在地	千葉県山武郡横芝光町横芝1360-2
キロ程	86.8km（東京起点）

飯倉
開業年	昭和39（1964）年10月1日
所在地	匝瑳市飯倉89
キロ程	90.6km（東京起点）

八日市場
開業年	明治30（1897）年6月1日
所在地	匝瑳市八日市場イ108
キロ程	93.7km（東京起点）

干潟
開業年	明治31（1898）年2月25日
所在地	旭市ニ6454
キロ程	98.8km（東京起点）

旭
開業年	昭和30（1897）年6月1日
所在地	旭市ロ677
キロ程	103.6km（東京起点）

飯岡
開業年	明治30（1897）年6月1日
所在地	旭市後草2058-1
キロ程	106.3km（東京起点）

倉橋
開業年	昭和35（1960）年6月1日
所在地	旭市倉橋1772
キロ程	109.2km（東京起点）

古地図探訪
昭和30年／八日市場駅付近

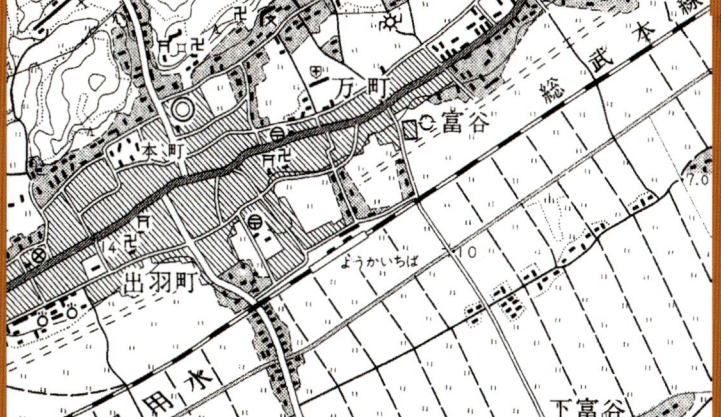

北側の国道126号、南側の大利根用水に挟まれる形で、総武線は北東に伸びてゆく。八日市場駅の北側、線路が見えるのが現在の国道の位置で、この当時は北側の旧道を通っていた。駅の北西、本町付近には八日市場市役所が見えるが、現在は合併による匝瑳市役所となって、北東の国道沿いに移転している。
また、駅の北側には八重垣神社や見徳寺などがある。さらに北側には天神山浅間神社、福善寺などが存在するなど、このあたりが早くから開けた場所であることがわかる。一方、総武線の南側は農地がほとんどだった。

さるだ・まつぎし・ちょうし

猿田・松岸・銚子

松岸・猿田は明治30～31年に開業
銚子は総武線の終着駅、銚子電鉄連絡

銚子駅の上り列車（明治後期）
銚子駅を発車し、佐倉・千葉方面に向かっている蒸気機関車牽引の列車。左手奥に開業当時の駅舎が見える。

猿田駅（昭和50年代）
撮影：大庭幸雄
平成21（2009）年に改築するまで使用されていた猿田駅の初代駅舎。大きな屋根のあるどっしりとした建物だった。

銚子駅（昭和33年）
撮影：伊藤昭
海辺に近い終着駅の雰囲気を漂わせている銚子駅、白いシャツ姿の目立つ夏の風景である。電話ボックスがなつかしい。

醤油と漁業の町、銚子のミニ私鉄（昭和55年代）
撮影：山田虎雄
銚子駅2・3番線の東端に切り込んだホームが銚子電鉄の乗り場である。近年は譲渡車も多く、鉄道ファンにとっては華やかな光景が見られる。

銚子付近の「房総の休日」（昭和33年）
撮影：山田虎雄
昭和31年から運転された快速「房総の休日」は新宿発で、銚子から銚子電鉄に乗り入れ外川まで運転された。車両は当時最新鋭のキハ45000（のちのキハ17）。

　総武線は銚子市内に3つの駅が存在する。最初の駅は市内猿田町に置かれている猿田駅で、明治31（1898）年1月、総武鉄道の駅として開業している。この駅は乗降者数が少なく、昭和49（1974）年以降、無人駅となっている。

　次の松岸駅は明治30（1897）年6月、終着駅の銚子駅と同時に開業している。その後、昭和8（1933）年3月、成田線の延伸により、接続駅となった。この駅の所在地は銚子市長塚町5丁目である。

　最後の銚子駅は、総武線の終点駅であり、明治30年6月に開業した古い歴史をもつ。大正12（1923）年には、銚子電気鉄道が開業し連絡駅となった。

　「銚子」の地名、駅名来は、利根川が太平洋に注ぐ形が、酒器の「銚子」に似ていることに由来する。もともとは「銚子口」という地名が使われており、明治22（1889）年に新生、荒野、今宮の3村が合併して、銚子町が誕生した。昭和8（1933）年、この銚子町に本銚子町・西銚子町・豊浦村が合併して、銚子市が生まれた。

　この銚子駅からは、新生（貨物駅）に至る貨物支線、さらに漁港方面に伸びる銚子漁港臨港線が存在したが、現在はともに廃止されている。

猿田

開業年	明治31(1898)年1月25日
所在地	銚子市猿田町676
キロ程	111.8km(東京起点)
駅構造	地上駅
ホーム	2面2線
乗車人員	240人(2006年)

松岸

開業年	明治30(1897)年6月1日
所在地	銚子市長塚町5-1260-23
キロ程	117.3km(東京起点)
駅構造	地上駅
ホーム	2面3線
乗車人員	460人(2012年)

銚子

開業年	明治30(1897)年6月1日
所在地	銚子市西芝町1438
キロ程	120.5km(東京起点)
駅構造	地上駅
ホーム	2面4線
乗車人員	3,395人(2012年)

海鹿島駅(大正期)
大正2(1913)年に開業した銚子遊覧鉄道はその後に廃止され、数年後路線を再利用し銚子電鉄が開業した。海鹿(あしか)島駅付近を蒸気機関車牽引の列車が走る。

銚子駅周辺(昭和42年)
リヤカーを引く人、自転車で犬を散歩させる人、二人連れの女子生徒など、さまざまな姿のあった銚子駅周辺の風景。

銚子駅の準急「京葉」(昭和36年)
両国〜銚子・館山・安房鴨川の3階建て準急などの「京葉」。両国〜千葉間は3列車併結で運行された。

懐かしい旧型客車(昭和49年)
DE10牽引の旧型客車が猿田付近を快走する。この撮影の翌月に電化が完了されるので、真新しい架線柱が印象的。

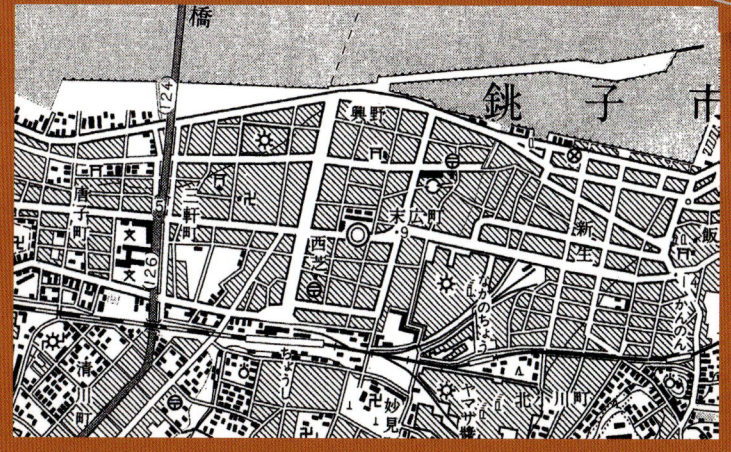

古地図探訪
昭和30年／銚子駅付近

北側に銚子大橋の掛かる銚子港が見えるが、正確にはここはまだ利根川の河口で、太平洋は北東(右上)である。ここには総武線の終着駅である銚子駅が置かれ、東側には銚子電鉄が伸びて、仲之町、観音の2駅が見える。
駅の北側、銚子大橋のたもとから西に伸びるのは国道356号(利根水郷ライン)で、その東側は県道37号・244号である。銚子市役所は駅の北側、若宮町に存在する。駅の東側、新生町にはヤマサ醤油の本社と工場があり、銚子電鉄の車窓から一望できる。また、西側の八幡町にはヒゲタ醤油、宝醤油の銚子工場があり、醤油の街、銚子を代表する存在となっている。

りょうごく

両国

明治38年、総武鉄道の両国橋駅から
隅田川に両国橋、花火と相撲で全国区

開業年	明治37(1904)年4月5日
所在地	墨田区横網1-3-20
キロ程	1.5km(錦糸町起点)
駅構造	高架駅
ホーム	2面3線
乗車人員	37,996人

両国駅東口(現在)
都営地下鉄大江戸線の両国駅と連絡している両国駅東口。清り地下の都営駅とは少し距離がある。

両国橋駅(明治43年)
両国橋(現・両国)駅の駅前で行われていた軍隊による炊き出しの風景。東京を襲った大洪水直後に行われていた。

101系の快速電車(昭和45年)
昭和43年に運転を開始した中野～千葉～木更津間の直通快速電車。成田へ向かう系統も設定された。この時、総武線に初めて快速電車が登場したことになる。

撮影:荻原二郎

両国駅西口(昭和42年)
都電の終点だった頃の両国駅の西口。シンプルな外観の駅舎は、戦前のターミナル駅の風格を備えていた。

両国駅西口(現在)
両国国技館、江戸東京博物館の玄関口となっている両国駅の西口。昭和4(1929)年以来の駅舎が使われている。

　両国駅は明治37(1904)年4月に、両国橋駅として開業した。このとき、総武鉄道の本所(現・錦糸町)～両国橋間が延伸している。当初、この区間は単線の高架区間だったが、2年後の明治39(1906)年に複線化された。大正12(1923)年に発生した関東大震災では大きな被害を受け、6年後の昭和4(1929)年に現在の駅舎が完成した。昭和6(1931)年、両国駅に駅名を改称している。

　この「両国」は、隅田川に架かる両国橋を挟んだ両側の地名に由来する。古代においてはこの地は武蔵、下総の国境であり、両国橋は江戸初期の万治2(1659)年に架橋され、当初は「大橋」と呼ばれていた。この橋の西側が本来の両国で、現在の隅田区(東)側は東両国(向両国)と呼ばれた。

　両国を全国的に有名にしているのは、花火と相撲であろう。両国の花火は江戸時代中期、「隅田川の川開き」として始まったといわれ、何度かの中断はあったものの、昭和53(1978)年に復活し、現在は「隅田川花火大会」として、毎年7月末に行われている。一方、両国国技館で開催されている大相撲は、江戸時代には各所で開催されていたが、やがて回向院での開催が定着。明治42(1909)年に、常設相撲場の初代両国国技館が開場した。その後、国技館は一時、蔵前に移転しており、現在は二代目である。

両国駅付近の工事看板（昭和46年）
撮影：山田虎雄
混雑緩和による東京～両国間の地下線建設工事が急ピッチで行われていた。「通勤5方面作戦」と題したプロジェクトが進行中の時期でもあった。

発車を待つ準急「犬吠」（昭和33年）
撮影：大庭幸雄
相撲の街・両国から一路、総武線を東に進み銚子を目指す準急「犬吠」。写真はデビュー当日に撮影。

両国駅3番線ホーム（現在）
かつての起終点駅の名残りをとどめる両国駅の地上（3番線）ホーム。団体・理事列車用で、普段は閉鎖されている。

特徴あるヘッドマークの「京葉」（昭和36年）
撮影：大庭幸雄
「京葉」と言う列車名であるが、行き先は銚子（八日市場まわり）・館山（木更津まわり）・安房鴨川（勝浦まわり）の3列車の総称であった。

両国駅4番線の蒸気機関車（昭和43年）
所蔵：フォト・パブリッシング
総武線銚子方面から両国へ乗り入れた蒸気機関車。両国駅の列車ホームも広く、いかにも玄関口の雰囲気が漂っていた。

臨時の急行「うち房」（昭和43年）
ディーゼル機関車牽引の急行列車は鈍足で当時評判もあまり芳しくなかった。この時代、車両運用に於いて総武・房総方面は冷遇されていた。

両国駅3番線の新聞輸送列車（昭和43年）
撮影：山田虎雄
新聞を積み込むキユニ15形（旧キハ09形）。その前はキハ44000形）新聞輸送は総武線名物の一つであった。その後、荷物電車としてクモユニ74や113系がその任務を受け継いだ。

両国駅3番線の113系快速「白い砂」（平成22年）
所蔵：フォト・パブリッシング
夏休み企画として平成22年7月に両国～館山間（安房鴨川経由）8月に両国～勝浦間で懐かしの列車、快速「白い砂」が運転され大盛況であった。

りょうごく

両国橋付近の空撮（昭和戦前期）
日本橋浜町付近から見た隅田川、両国橋付近の空撮。中央上部に両国駅、右上に初代両国国技館、回向院が見える。

初代両国国技館（大正期）
明治42（1909）年に誕生した初代両国国技館。大相撲の興行のほか、菊人形や納涼大会なども開催されていた。

亀沢町架道橋（明治後期）
早くから市電（路面電車）が走っていた清澄通りに架かる亀沢町架道橋。現在、都営地下鉄大江戸線の両国駅がある付近。

両国橋（昭和戦前期）
昭和7（1932）年に竣工した両国橋。右奥には「大鉄傘」と呼ばれた初代両国国技館、左奥には両国駅の駅舎がのぞく。

本所公会堂（昭和戦前期）
現在は「両国公会堂」と呼ばれている本所公会堂。大正15（1926）年、旧安田庭園内に建設され、当時は街のランドマークだった。

大正5年

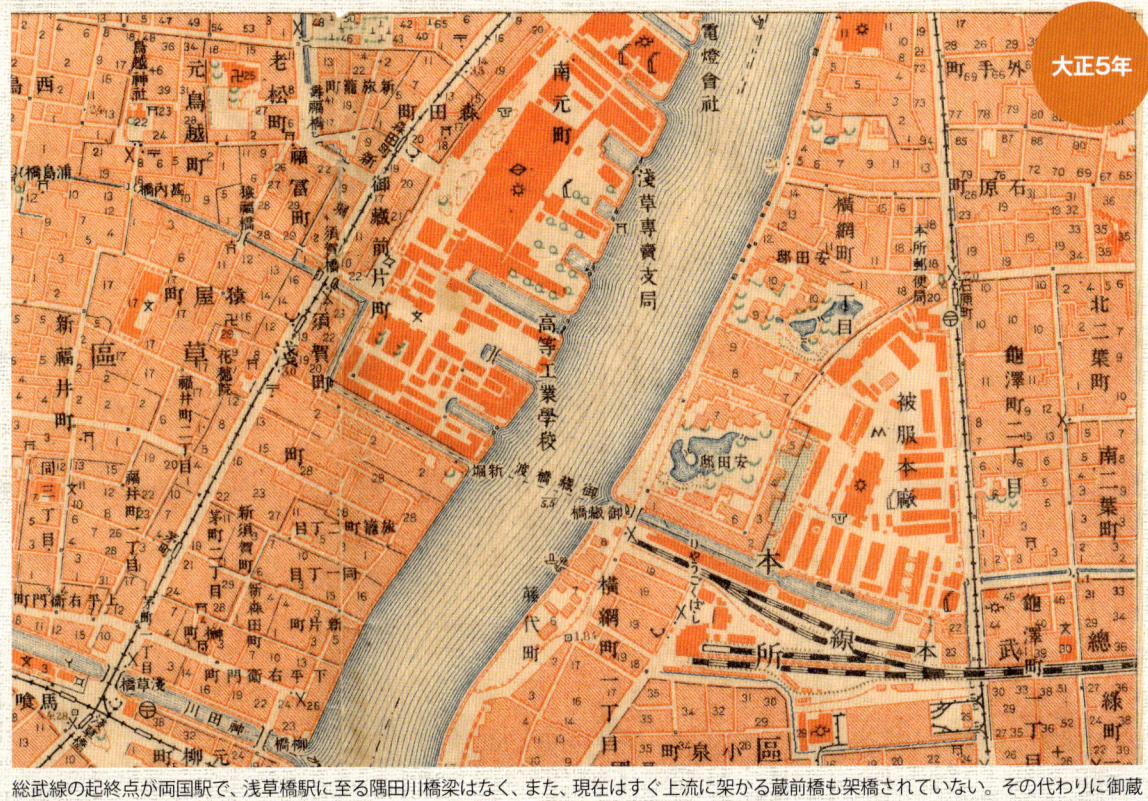

総武線の起終点が両国駅で、浅草橋駅に至る隅田川橋梁はなく、また、現在はすぐ上流に架かる蔵前橋も架橋されていない。その代わりに御蔵橋の渡しが両岸を結んでいた。現在、東京都慰霊堂、第一ホテル両国などがある場所には、陸軍の被服本廠が存在しており、関東大震災ではここで多数の犠牲者が出た。

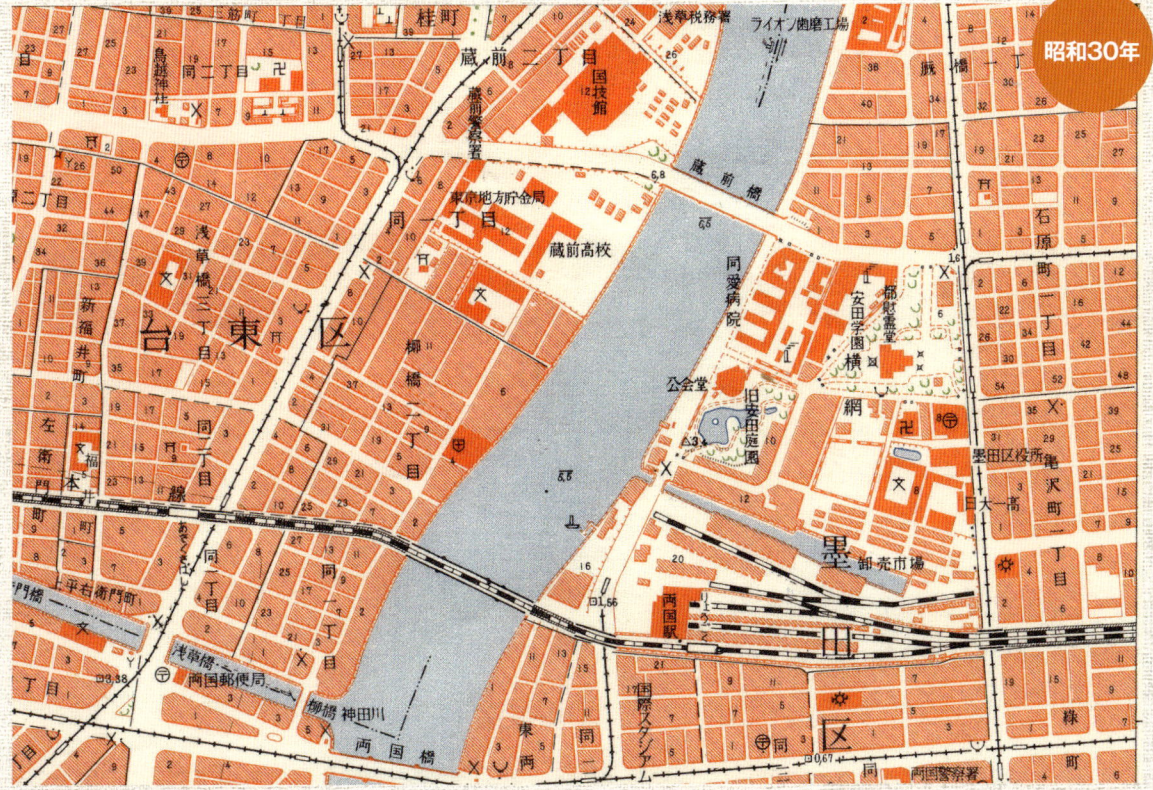

昭和30年

両国駅の北にあった被服本廠は墨田区役所と本所郵便局、（江東）卸売市場などに変わったが、これらの施設は現在、他所に移転している。二代目両国国技館、江戸東京博物館もまだ誕生していない。両国橋や清澄通りなどには都電が走っているが、蔵前橋（通り）は昭和にできたため、都電（市電）が走ることはなかった。

あさくさばし
浅草橋

昭和7年開業、都営地下鉄浅草線に連絡
神田川の橋名に由来、柳橋に花街の歴史

開業年	昭和7(1932)年7月1日
所在地	台東区浅草橋1-18-1
キロ程	2.3km(東京起点)
駅構造	高架駅
ホーム	2面2線
乗車人員	53,327人

浅草橋駅西口(現在)
浅草橋駅西口の高架下風景。耐震工事やエレベーターの設置工事が行われている。

浅草橋駅東口(昭和44年)
江戸通りに面して建つ浅草橋駅東口。昭和35(1960)年に都営地下鉄1号線(現・浅草線)との連絡駅になった。

撮影:荻原二郎

浅草橋の103系(平成12年)
総武線では比較的珍しい相対式ホームの浅草橋駅。駅名から浅草の雷門や繁華街を目指して誤って下車する人も多く、都営浅草線への乗り換えを推進している。

撮影:矢崎康雄

浅草橋駅東口(現在)
「人形の街」として知られている浅草橋駅の東口付近。神田川、隅田川付近には、江戸情緒がまだ残っている。

　浅草橋駅は昭和7(1932)年7月、総武線の両国〜御茶ノ水間の開通時に開業している。昭和戦前期の開業であるため、当初から高架区間の高架駅であり、長いホームの両端に東口、西口がおかれている。

　「浅草橋」の地名、駅名は、駅の南側、神田川に架かる橋の名に由来する。この付近の神田川には多くの橋が存在するが、隅田川に注ぐ最も下流の橋が柳橋であり、二番目の橋が浅草橋である。

　この橋の上には、江戸通りが走っており、都心(日本橋方面)から浅草に向かう道筋となっている。江戸時代には、奥州街道の入り口として浅草見附の門と橋が設置され、「浅草橋」の地名が誕生した。

　駅の所在地は台東区浅草橋1丁目であり、隣接して柳橋1・2丁目の地名が存在する。隅田川に面したこの柳橋は明治以降、新橋とともに東京を代表する花柳界となり、料理店、待合などが繁栄した。平成11(1999)年に最後の料亭が廃業するまで、繁栄を見せていた。

　昭和35(1962)年には、都営地下鉄1号(現・浅草)線の浅草橋駅が開業、JR駅の東側で連絡している。また、浅草橋を渡った南西側の地下には、総武快速線の馬喰町駅が存在する。

浅草橋（明治後期）
靖国通り、江戸通りを走る市電（都電）が交差していた浅草橋の交差点。広い交差点にはさまざまな人の姿がある。

見所スポット

鳥越神社
台東区鳥越2丁目にある神社で、日本武尊を祀る。6月に行われる例大祭で繰り出す千貫神輿は、都内最大級とされている。

柳橋
江戸、東京を代表する花街だった「柳橋」の由来となった神田川に架かる橋。現在の橋は、昭和4（1929）年に架橋されている。

蔵前橋
関東大震災の復興計画のひとつとして、昭和2（1927）年に架橋された。江戸時代、幕府の米蔵が置かれた蔵前にあることから、黄色に塗装されている。

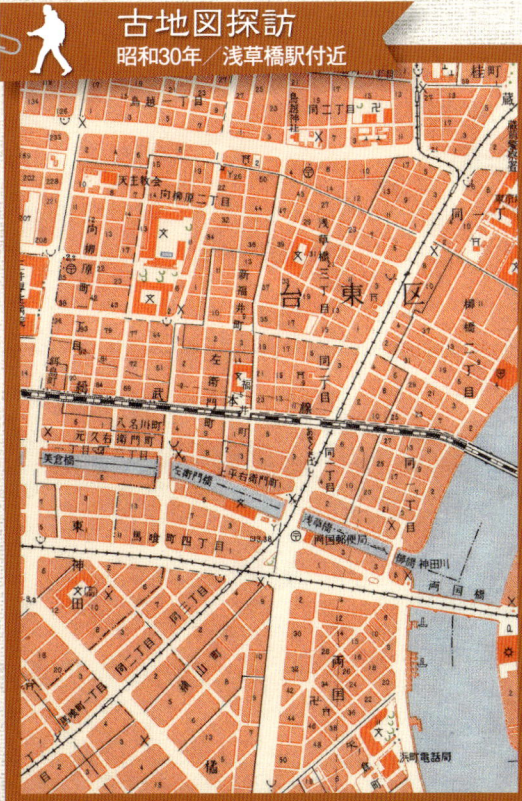

古地図探訪
昭和30年／浅草橋駅付近

隅田川西岸の路線を除く都電の路線は健在だが、地図の中央を横切る総武線が誕生している。一方で、首都高速道路6号向島線、総武快速線の地下路線はまだ開通していない。地図上で目立つのは「文」の地図記号、つまり学校である。駅周辺にあった育英小学校と柳北小学校は統廃合されたものの、駅北西の都立白鷗高校や神田川沿いの日本橋女学館高校はそのままである。東日本橋の日本橋中学校は昭和49（1974）年、久松・日本橋・紅葉川の3校が合併して、区立第四中学校となり、平成2（1991）年に現校名に改称した。

あきはばら

秋葉原

明治に貨物駅、大正に東北線の駅誕生
総武線は昭和7年、両国から西に延伸

開業年	明治23(1890)年11月1日
所在地	千代田区外神田1-17-6
キロ程	3.4km(錦糸町起点)
駅構造	高架駅
ホーム	2面2線(総武線)、2面4線(京浜・山手)
乗車人員	240,327人

秋葉原駅付近の中央通り（昭和42年）
撮影：小川峯生
秋葉原駅の西側を通る中央通り。跨線橋の下を1系統の都電が走っている。手前は万世橋、奥が末広町方向である。

秋葉原駅101系の並び（昭和40年）
撮影：上原庸行
左が下り津田沼行き。右は臨時電車の東京競馬場行きで中央線に直通し国分寺から支線(下河原線)に入り終点を目指した。

廃止前日の101系快速成田行き（昭和47年）
撮影：小川峯生
この写真の撮影の翌日に総武線の地下新線が開業した。当時は高架線が目立つ区間であったが、電気街の高層化で次第にビルの谷間を行く光景に変化していった。

ウグイス色の103系（昭和62年）
撮影：小川峯生
山手線に205系が投入され余剰となった103系が総武・中央緩行線に転入した。なお、スカイブルーとエメラルドグリーンの103系は総武線で運用されたことはない。

　秋葉原駅の歴史は、明治23(1890)年11月、日本鉄道(現・東北線)が開設した秋葉原貨物取扱所に始まる。日本鉄道の拠点は上野駅であり、この秋葉原までの貨物線が存在した。

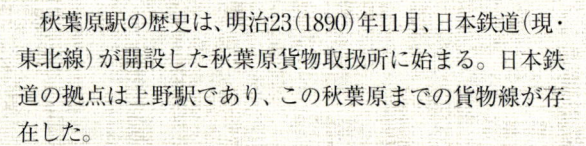

　旅客営業を行う駅の始まりは大正14(1925)年11月、上野〜東京間の東北(山手)線が開通した際に誕生した秋葉原駅である。そして、昭和7(1932)年7月、総武線の両国〜御茶ノ水間が延伸し、(京浜)東北・山手線との連絡駅となり、高架化されている。

　その後、昭和37(1962)年に営団地下鉄(現・東京メトロ)日比谷線、平成17(2005)年に首都圏新都市鉄道つくばエクスプレスが開業し、それぞれに秋葉原駅が置かれて連絡している。

　この秋葉原駅がある場所は、千代田区外神田1丁目で、駅の東側は千代田区神田佐久間町、神田和泉町であり、その北東は台東区秋葉原、台東1丁目などとなる。

　「秋葉原」の地名、駅名はこの地にあった「秋葉大権現(秋葉社、鎮火社)」に由来する。この秋葉大権現は明治21(1888)年に現在の台東区松が谷3丁目に遷宮し、秋葉神社となっている。浅草橋の北側に位置する台東区側の「秋葉原」の地名は、昭和39(1964)年に生まれた新しいものである。

昭和橋架道橋（昭和戦前期）
秋葉原駅の東、昭和通りに架かる鉄道橋。市電と自動車が走る昭和モダンの風景である。現在は、首都高速道路1号上野線も跨ぐ形になっている。

秋葉原電気街と総武線（昭和49年頃）
石丸電気など、家電の大型量販店ビルを背景にして走る総武線の電車。右下には神田川が流れている。
所蔵：フォト・パブリッシング

見所スポット

万世橋
神田川に架かる橋で、上を中央通りが走っている。現在のアーチ橋は、関東大震災後の昭和5（1930）年に架け替えられている。

秋葉原電気街
戦後、家電を扱う小売店、電気部品を扱う店が集まり、日本有数の電気街が誕生した。現在は大型量販店のビルが建ち並んでいる。

マチエキュート神田万世橋
平成25（2013）年、万世橋高架橋に誕生した商業施設。旧万世橋プラットホームの展望デッキからは、間近に電車の姿を見ることができる。

古地図探訪
昭和30年／秋葉原駅付近

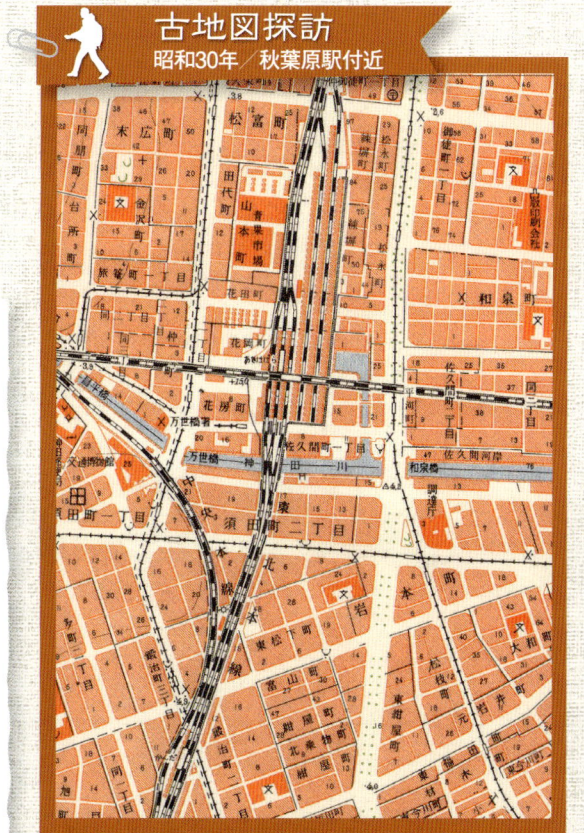

この秋葉原駅では、総武線と京浜東北・山手線がほぼ垂直に交差し、御茶ノ水方面の中央線とでトライアングルの形を成している。駅の東側は、貨物駅があった時代の名残で、上野駅の発着列車の留置線として使用されており、神田川から分かれた掘割も存在した。また、この当時は駅の南西、万世橋駅跡に交通博物館、北西には神田青果市場が存在し、東側の昭和通り、西側の中央通り、南側の靖国通りに都電が走っていた。駅周辺の町名を見れば、練塀町、田代町、花田町、花岡町など、現在では消えたなつかしい名称が残っている。一方、駅の南西にある万世橋警察署、神田郵便局は現在もこの地に健在である。

千代田区／中央区／台東区／墨田区／江東区／江戸川区／葛飾区／市川市／浦安市／船橋市／習志野市／千葉市／四街道市／佐倉市／印旛郡／八街市／山武市／山武郡／匝瑳市／旭市／銚子市

73

おちゃのみず

御茶ノ水

明治に甲武鉄道の駅、昭和に総武線延伸
東に聖橋、西に御茶ノ水橋、神田川名橋

開業年	明治37(1904)年12月31日
所在地	千代田区神田駿河台2-6-1
キロ程	5.2km(錦糸町起点)
駅構造	地上駅(橋上駅)
ホーム	2面4線
乗車人員	104,737人

御茶ノ水駅御茶ノ水口(現在)
大学や予備校などが集まり、学生たちが目立つ御茶ノ水駅御茶ノ水口。駅前にはスクランブル交差点、交番がある。

御茶ノ水駅御茶ノ水橋口(昭和39年)
昭和7(1932)年に改築、移転された御茶ノ水駅の駅舎。現在も、当時の外観からほとんど変わっていない。 
撮影：荻原二郎

御茶ノ水駅の旧型国電(昭和26年)
昭和9年に登場した戦前の電車。総武線では昭和40年頃まで活躍した。写真は下り電車の船橋行き。
撮影：伊藤昭

御茶ノ水駅(明治後期)
御茶ノ水橋の西側、水道橋寄りにあった明治期の御茶ノ水駅。関東大震災で大きな被害を受け、移転することになった。

御茶ノ水駅の103系(平成12年)
写真の103系は初期の量産冷房車で、特別保全工事と前面強化を施工している。当線は103系の主要バリエーションが揃っており、通勤電車ファンには魅力的な陣容を誇っていた。
撮影：矢崎康雄

　昭和7(1932)年7月、総武線の両国～御茶ノ水間が延伸し、御茶ノ水駅は千葉方面と結ばれることになった。そこからさかのぼること28年前、明治37(1904)年12月、御茶ノ水駅は甲武鉄道(現・中央線)の駅として開業している。このときは終着駅だったが、甲武鉄道国有化後の明治41(1908)年4月、昌平橋駅(その後、万世橋駅への延伸で廃止)まで延長された。大正8(1919)年3月には、万世橋～東京間が開通し、現在のように東京駅まで結ばれることとなった。

　御茶ノ水という地名の由来は、江戸初期、この地(神田山)にあった曹洞宗の寺院、高林寺の境内から湧き出した水を、徳川家康にお茶をたてる水として献上したことによる。その後、この高林寺は文京区向丘に移転している。

　御茶ノ水駅は大正12(1923)年に発生した関東大震災で、多大な被害を受けた。当時の駅は現在よりも西側に位置し、駅舎は御茶ノ水橋の西側(神田警察署お茶の水交番付近)に置かれていた。震災復興事業の中、新しい駅舎は昭和7(1932)年7月に誕生している。また、神田川に架かる東側の聖橋は昭和2(1927)年に完成している。この駅の東口は聖橋、西口は御茶ノ水橋という2つの橋のたもとにあり、橋の名を取って、聖橋口、お茶ノ水橋口と呼ばれている。

見所スポット

松住町架道橋（昭和戦前期）
松住町（昌平橋）交差点に架かる総武線の鉄道橋。手前に見えるのは、神田川に架かる昌平橋（外堀通り）である。

御茶ノ水駅付近、丸ノ内線（現在）
神田川に架かる総武線の橋梁、東京メトロ丸ノ内線の橋梁。地下鉄が地上を通り、川の上を走る珍しいスポットとして知られる。

新宿駅に停車している準急「総武」（昭和36年）
昭和36年から運行を開始した新宿発の準急「総武」は、成東経由の銚子行きと成田経由の佐原行きが佐倉まで併結で走ったものの、僅か1年で廃止された。
撮影：大庭幸雄

聖橋
千代田区駿河台と文京区湯島を結ぶ橋で、神田川に架かる。昭和2（1927）年に完成し、湯島聖堂とニコライ堂の存在から「聖橋」と名付けられた。

ニコライ堂
正式名称は「東京復活大聖堂」で、日本正教会の首座主教座大聖堂。高さ35メートルのドーム屋根が特徴で、重要文化財となっている。

湯島聖堂
元禄時代、五代将軍徳川綱吉が建設した孔子廟で、大成殿がある。「日本の学校教育発祥の地」とされ、国の史跡に指定されている。

古地図探訪
昭和30年／御茶ノ水駅付近

東の聖橋、西の御茶ノ水橋に挟まれた形の御茶ノ水駅であるが、昭和7（1932）年、現在地に移転する前には、御茶ノ水橋の西側に位置していた。当時の駅舎があった場所には交番の地図記号が見える。神田川の北側には、東から（湯島）聖堂、東京医科歯科大学、順天堂（病院）がある。一方、南側を見れば、聖橋の東側に岸体育館（岸記念体育会館）があるが、昭和39（1964）年、現在地（渋谷区神南1丁目）に移転している。その西にはニコライ堂があり、中央大学・明治大学・日本大学のキャンパスが点在している。また、この当時は北の本郷通り・外堀通り、南の靖国通り・白山通りなどを都電が縦横に走っていたことがわかる。

はっちょうぼり・えっちゅうじま・しおみ

八丁堀・越中島・潮見

江戸の与力、同心屋敷があった八丁堀
江東区内に入り、越中島、潮見に2駅

八丁堀駅（現在）
かつての江戸幕府、与力・同心屋敷の跡地に設置されている八丁堀駅。東京メトロ日比谷線との連絡駅である。

潮見駅（現在）
平成2（1990）年に開業した潮見駅。東京都内では、越中島駅までは地下駅だったが、この駅からは高架駅に変わる。

東京商船学校（明治後期）
現在の東京海洋大学の前身のひとつである東京商船学校。練習船だった明治丸は、国の重要文化財に指定され、保存されている。

越中島駅（現在）
東京23区内のJR駅では、最も乗降客数の少ない越中島駅。東京海洋大学海洋工学部越中島キャンパスの最寄り駅でもある。

　京葉線の八丁堀駅は、中央区八丁堀に置かれている。開業は平成2（1990）年3月であり、それ以前に昭和38（1963）年に開業した、東京メトロ日比谷線の駅が存在する。

　「八丁堀」の地名、駅名の由来は、江戸時代にこの付近にあった長さ約8町（873m）の堀である。もとは寺町であったが、寺院が浅草に移転した後には町奉行所の与力、同心屋敷が置かれたため、彼らの通称として「八丁堀」と呼ばれることになった。

　越中島駅が平成2年3月、京葉線に誕生するにあたっては、それまで越中島支線に置かれていた越中島駅が越中島貨物駅に改称した歴史がある。この貨物駅は江東区塩浜2丁目にあり、越中島2丁目にある現駅とはかなり距離が離れている。「越中島」の地名は、江戸時代、この地（中洲）に旗本、榊原越中守の屋敷があったことに由来する。なお、川を隔てた北側は門前仲町1・2丁目で、東京メトロ東西線、都営地下鉄大江戸線の門前仲町駅が存在する。

　潮見駅は東京湾を埋め立てた、江東区潮見2丁目に置かれている。大正13（1924）年から工事が開始された、深川枝川町先第8号埋立地が昭和42（1967）年に完成、現在の「潮見」となり、平成2年3月に潮見駅が開業した。

八丁堀

開業年	平成2(1990)年3月10日
所在地	中央区八丁堀3-25-10
キロ程	1.2km(東京起点)
駅構造	地下駅
ホーム	1面2線
乗車人員	30,884人(2012年)

越中島

開業年	平成2(1990)年3月10日
所在地	江東区越中島2-2-14
キロ程	2.8km(東京起点)
駅構造	地下駅
ホーム	1面2線
乗車人員	4,569人

潮見

開業年	平成2(1990)年3月10日
所在地	江東区潮見2-7-20
キロ程	5.4km(東京起点)
駅構造	高架駅
ホーム	1面2線
乗車人員	11,359人

潮見付近の武蔵野線205系(平成25年)
山手線などからの転用車の205系5000番代。205系も幹線での運用から外れ、現在では南武支線・鶴見線・八高線・相模線・日光線・仙石線などで活躍している。

東京駅京葉地下ホーム(平成23年)
既設東京駅から南方300mの離れた場所に京葉線の東京駅地下ホームがあり、旧都庁前の都道の下に位置している。写真は武蔵野線209系500番代であり、少数派の形式。

見所スポット

永代橋
元禄11(1698)年に架橋された、隅田川では四番目に古い橋。現在の橋は大正15(1926)年、震災復興事業の第一号として完成した。国の重要文化財に指定されている。

相生橋
中央区佃と江東区越中島を結ぶ橋で、上を清澄通りが走る。明治36(1903)年に最初の橋が架けられ、現在の橋は平成10(1998)年に抱え替えられた。

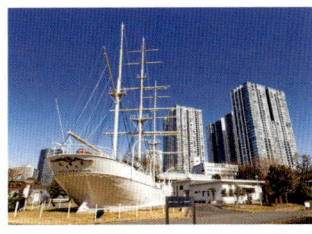

東京海洋大学
この地(越中島キャンパス)にあった東京商船学校をもとにした東京商船大学と、東京水産大学が平成15(2003)年に統合して成立した。

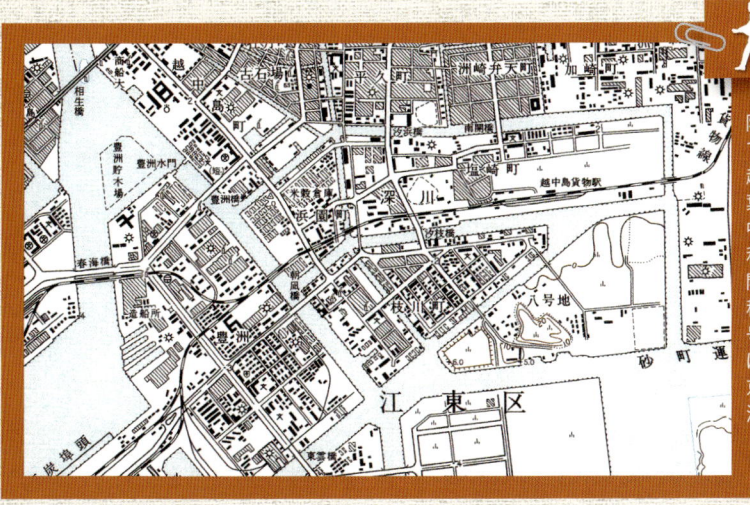

古地図探訪
昭和42年／越中島、潮見駅付近

隅田川の下流に架かる相生橋の北から南西に伸びてきた京葉線が、清澄通りを越えて到着するのが越中島駅である。もちろん、この当時にはまだ京葉線は開通しておらず、それに代わって東側に越中島支線の越中島駅が存在している。この駅は昭和33(1958)年に開業し、平成2(1990)年の京葉線開通・越中島駅開業で、駅名を越中島貨物駅に改称している。また、三ツ目通り(現在は首都高速9号深川線も)が通る、(東京湾埋立)八号地の東側に潮見駅が開業している。また、豊洲方面には東京メトロ有楽町線、ゆりかもめ東京臨海新交通臨海線も開業している。

しんきば・かさいりんかいこうえん

新木場・葛西臨海公園

新木場駅は有楽町線、りんかい線に接続
水族園、鳥類園の葛西臨海公園最寄り駅

新木場

開業年	昭和63(1988)年12月1日
所在地	江東区新木場1-5
キロ程	7.4km(東京起点)
駅構造	高架駅
ホーム	1面2線
乗車人員	70,831人

葛西臨海公園

開業年	昭和63(1988)年12月1日
所在地	江戸川区臨海町6-3-3
キロ程	10.6km(東京起点)
駅構造	高架駅
ホーム	1面2線
乗車人員	12,899人

新木場駅(現在)
新木場駅の駅ビルは4階建てで、京葉線のホームは4階、コンコースは3階にある。2階は東京メトロ有楽町線と東京臨海高速鉄道りんかい線ホームとなっている。

新木場駅に停車している205系(平成18年)
京葉線では東京開業に伴い205系10連12本が新たに発足した京葉電車区(現・京葉車両センター)に投入された。他線の205系と比べ前面デザインがモデルチェンジされた。

新木場行きの武蔵野線(平成2年) 撮影:小川峯生
この撮影の翌日に京葉線新木場～東京間が開通した。この当時の武蔵野線の主力として活躍するのは初期の103系低運転台タイプ。

葛西臨海公園駅(現在)
海(南)側に水族園、大観覧車などをもつ葛西臨海公園が広がる葛西臨海公園駅。駅前にはリゾートの雰囲気が漂う。

　この新木場には、JR京葉線のほかに東京メトロ有楽町線、東京臨海高速鉄道臨海副都心線(現・りんかい線)の駅があって接続駅となっている。開業年は有楽町線が昭和63(1988)年6月で最も早く、京葉線は同年12月、りんかい線は平成8(1996)年3月の開業である。当初、この新木場駅は東京側の起終点で、平成2(1990)年に東京駅まで延伸した。
　「新木場」は東京湾埋立14号地の一部で、昭和53(1978)年に住居表示が開始された。「木場」とは貯木場のことであり、北側の木場地区から貯木場、製材所が移転して「新木場」が誕生した・

　葛西臨海公園駅は、江戸川区臨海町6丁目に置かれている。駅の開業は昭和63年12月で、翌平成元(1989)年6月、葛西臨海公園が(一部)開園し、葛西臨海水族園がオープンした。駅名はこの公園名に由来するが、開業前の仮称は「葛西沖」だった。
　「葛西」の地名は、古くは武蔵国葛飾郡を指していたが、その後は旧東京府南葛飾郡葛西村付近を指すようになった。明治22(1889)年、4つの村が合併して葛西村が成立し、昭和7(1932)年に東京市江戸川区の一部となった。現在、北側を走る東京メトロ東西線には、葛西、西葛西駅がある。

京葉線と葛西ジャンクション付近（平成22年）
首都高速中央環状線と湾岸線が合流する葛西ジャンクション付近。南側を京葉線の201系電車が通過する。

新木場の貯木場（昭和47年）
広い水面を埋め尽くすように見える材木。江戸の伝統を受け継ぐ、木場から移転してきた新木場の貯木場の風景。
撮影：高橋義雄

夢の島大橋を渡るごみ収集車（昭和47年）
東京都のごみを集めた、清掃局のごみ収集車は長い橋を渡って、夢の島を目指した。
撮影：高橋義雄

見所スポット

夢の島熱帯植物園
都立夢の島公園にある植物園で、昭和63（1988）年に開園した。隣接する新江東清掃工場からの高温水が使用されている大温室が見どころである。

葛西臨海公園
東京湾に面した都立公園で、葛西臨海水族園、ダイヤと花の大観覧車、展望レストラン「クリスタルビュー」などの施設が充実している。

若洲海浜公園
江東区若洲3丁目にある海上公園。キャンプ場のある若洲公園に隣接し、ゴルフリンクスや海釣り場などの施設をもつ。

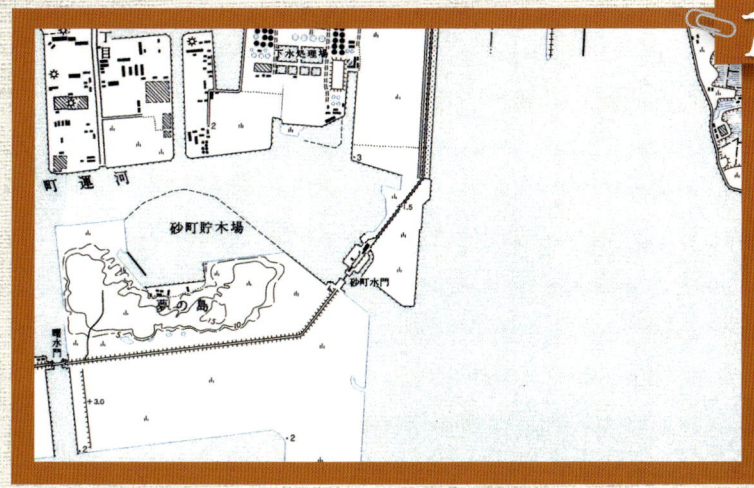

古地図探訪
昭和42年／新木場～葛西臨海公園駅付近

潮見方面から砂町運河（東雲東運河）が続き、砂町貯木場が設けられており、都内のゴミを集めて埋められた「夢の島」が見える。その南側には、砂町水門が存在している。ここが現在の「新木場」で、JR京葉線、東京地下鉄有楽町線の新木場駅があるほか、南北に明治通りが走り、東西に湾岸通路、首都高速湾岸線が通っている。また、夢の島の風景は一変し、夢の島熱帯植物館や夢の島競技場、夢の島東少年野球場などがある場所になった。京葉の南側には、第一、第二の貯木場が設けられている。

千代田区 中央区 台東区 墨田区 江東区 江戸川区 葛飾区 市川市 浦安市 船橋市 習志野市 千葉市 四街道市 佐倉市 印旛郡 八街市 山武市 山武郡 匝瑳市 旭市 銚子市

79

まいはま・いちかわしおはま
舞浜・新浦安・市川塩浜

米・マイアミビーチから、舞浜駅と命名
浦安南に新浦安駅、塩田跡に市川塩浜駅

舞浜駅(現在)
東京ディズニーリゾートの最寄り駅として全国的にも有名な舞浜駅。高架下の駅舎には「ホテルドリームゲート舞浜」が隣接している。

新浦安駅(現在)
南口側には広いバスターミナルが設けられている新浦安駅。北口側には、オリエンタルホテル東京ベイ、浦安ブライトンホテルが建つ。

市川塩浜駅(現在)
江戸時代には行徳塩田が広がっていた場所に誕生した市川塩浜駅。北側には「市川野鳥の楽園」が広がっている。

舞浜付近の183系特急「さざなみ」(平成15年)
東京開業の翌年3月から内房線・外房線の特急「さざなみ」「わかしお」は総武線経由から京葉線経由に変更し、千葉駅を経由しなくなった。

舞浜付近の武蔵野線高運転台103系(平成15年)
撮影:小川峯生
この当時、武蔵野線直通電車は京葉線内では快速運転されており、越中島・潮見・葛西臨海公園(土休日のデータイムは停車)の各駅は通過していた。

　舞浜駅は、千葉県浦安市舞浜に存在する駅であるが、東京ディズニーランド、東京ディズニーシーの最寄り駅として、全国的に有名で、最も「東京に近い」駅となっている。「舞浜」の地名、駅名は新しいものであり、米国・マイアミビーチの「舞(マイ)」と「浜(ビーチ)」に由来している。当初は「西浦安」の駅名も候補に上っていた。

　新浦安駅は、東京メトロ東西線の浦安駅の南西に位置している。そのため、浦安市の南の新しい玄関口として、「新浦安」の駅名が採用されている。首都高速湾岸線を挟んだ北西側には浦安市役所も存在する。

　「浦安」の地名は、明治22(1889)年に堀江、猫実、当代島の3村が合併して成立した浦安村に始まる。初代の村長が「浦(海辺)安かれ(穏やかであってほしい)」と命名した。明治42(1909)年に浦安町となり、昭和56(1981)年に市制が敷かれ、浦安市が誕生した。

　市川塩浜駅は、市川市塩浜2丁目に存在するが、このあたりはかつて「行徳塩田」が広がっていた場所である。この先、武蔵野線直通列車は西船橋に向かって高谷支線に転線する。なお、「塩浜」の地名は、かつての「塩田」の存在に由来する。

舞浜	
開業年	昭和63（1988）年12月1日
所在地	浦安市舞浜26-5
キロ程	12.7km（東京起点）
駅構造	高架駅
ホーム	1面2線
乗車人員	76,495人

新浦安	
開業年	昭和63（1988）年12月1日
所在地	浦安市入船1-1-1
キロ程	16.1km（東京起点）
駅構造	高架駅
ホーム	2面4線
乗車人員	55,165人

市川塩浜	
開業年	昭和63（1988）年12月1日
所在地	市川市塩浜2-2
キロ程	18.2km（東京起点）
駅構造	高架駅
ホーム	2面2線
乗車人員	7,079人

新浦安付近のE233系（平成24年）
平成22年に投入されたE233系5000番代。京葉線のみならず内房線・外房線・東金線などでも活躍する。東金線では早朝夜間帯に間合いで一部の線内運用にも使用される。

市川塩浜付近の武蔵野線205系（平成24年）
平成3年に5編成が投入された武蔵野線の205系。写真は京葉線に投入されたものと同様の前面形状であり0番代の形式である。

浦安駅（昭和44年）
地下鉄東西線の開通を祝う浦安駅の建て看板。同時に浦安村の村政制80年、市制80年を祝う文字も書かれている。

浦安付近の船溜まり（昭和47年）
埋め立て、開発が進む前には、多くの船溜まりが東京湾の各地にあった。浦安付近でも、漁業が盛んだった。

東京都清掃局のごみ収集車（昭和47年）
東京都清掃局のマークをつけたごみ収集車がズラリと並んでいる。場所は江戸川区の妙見島と思われる

古地図探訪
昭和42年／浜、新浦安駅付近

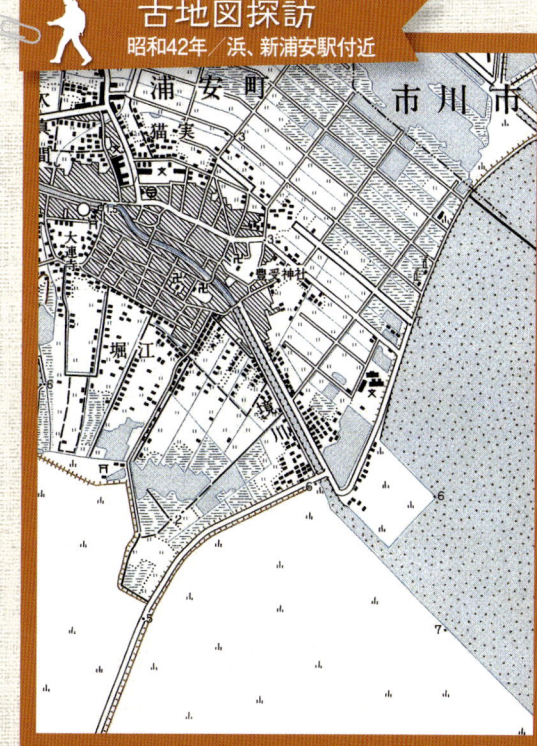

東京都と千葉県の境目となる旧江戸川の東（千葉）側に、浦安市の埋立地が広がっている。その北には境川が流れ、豊受神社が鎮座している。このあたりが「猫実」といわれる地区で、現在は浦安市役所が置かれている。南にはこの後に湾岸道路、首都高速湾岸線が開通し、さらに南を走る京葉線が開業、新浦安駅がある。一方、現在は東京ディズニーランド、ディズニーシーがあり、その窓口となる舞浜駅が開業している舞浜地区は、地図の左下の海上となる。

ふたまたしんまち・みなみふなばし・しんならしの

二俣新町・南船橋・新習志野

成田街道分岐点から、「二俣」の地名
船橋、津田沼の南に南船橋、新習志野

二俣新町駅（現在）
島式ホーム1面2線を有する高架駅。駅舎は高架下にあり、北側を走る国道357号（東京湾岸道路）側に自動券売機などが設置されている。

南船橋駅（現在）
谷津干潟の西側に位置している南船橋駅。北には船橋競馬場、西には船橋オートレース場と、2つのレース場の最寄り駅でもある。

南船橋のカナリア色103系（昭和63年）
総武・中央緩行線のカナリア色103系が蘇我経由で京葉線内にも姿を見せた。

新習志野駅（昭和61年）
昭和61（1986）年、ひな祭りの日に開業した新習志野駅。ホームでの開業式典には、和服姿の女性が並んでいる。

新習志野駅（昭和61年）
島式ホーム1面2線を単式ホーム1面1線2本が挟む形に高架駅として開業した新習志野駅。南側にバスロータリーがある。

　二俣新町駅は、船橋市との境界近くとなる、市川市二俣新町に置かれている。この地は市川市に合併される前には、東葛飾郡二俣村と呼ばれていた。この「二俣」という地名は、この集落の中で行徳と成田を結ぶ古い成田街道が、葛飾神社に向かう道に分かれていたことに由来する。

　南船橋駅は、船橋市若松町2丁目に置かれており、その北側には船橋競馬場、ららぽーとTOKYO-BAYが存在する。さらに北側には京成本線の船橋競馬場駅、総武線の東船橋駅が存在する。この駅は、武蔵野線西船橋駅へ向かう二俣支線の分岐駅となっている。

　また、南船橋駅の東側は習志野市谷津であり、谷津干潟が広がっている。また、かつての谷津遊園の跡地には谷津バラ園も設置されている。

　新習志野駅は、習志野市茜浜2丁目にある。駅の北側には、秋津野球場、秋津サッカー場があり、習志野市立秋津小学校なども存在する。この地は東京湾の埋立地で、秋の景色の美しさをたたえて「秋津」と命名され、昭和52（1977）年に秋津1〜4丁目が誕生した（現在は5丁目も存在する）。

二俣新町	
開業年	昭和63(1988)年12月1日
所在地	市川市二俣新町3
キロ程	22.6km(東京起点)
駅構造	高架駅
ホーム	1面2線
乗車人員	4,990人

南船橋	
開業年	昭和61(1986)年3月3日
所在地	船橋市若松2-1-1
キロ程	26.0km(東京起点)
駅構造	高架駅
ホーム	2面4線
乗車人員	20,109人

新習志野	
開業年	昭和61(1986)年3月3日
所在地	習志野市茜浜2-1-1
キロ程	28.3km(東京起点)
駅構造	高架駅
ホーム	3面4線
乗車人員	13,259人

南船橋付近の205系(平成23年)
E231系の新造に伴う205系の転用により103系の置き換えが進められた。これによりオリジナルタイプの205系フェイスも京葉線で見られるようになった。

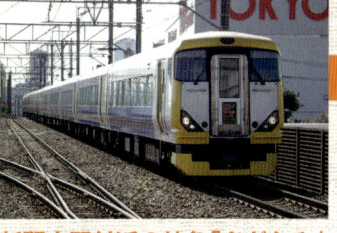

新習志野付近の特急「さざなみ」E257系500番代(平成25年)
平成27年のダイヤ改正時に「さざなみ」は平日、東京〜君津間に運転区間が短縮され代替として東京〜館山間に総武線経由の「特別快速」が設定された。

新習志野付近の高運転台103系(平成17年)
京葉線開業以来活躍してきたスカイブルーの103系。現在のラインカラーは赤(ワインレッド)であり首都圏のJRでは京葉線のみが使用するカラーである。
撮影:小川峯生

二俣新町付近のE233系(平成25年)
各方面で増備が続く、次世代標準電車のE233系。平成18年に中央快速線に初めて投入され、近年では埼京・川越線、横浜線、南武線などでも活躍を始めた。

新習志野駅付近の空撮
京葉線、東関東自動車道などが走る新習志野駅付近の空撮。右上奥(駅北西)に、谷津干潟の水辺がのぞく。

古地図探訪
昭和42年/南船橋駅付近

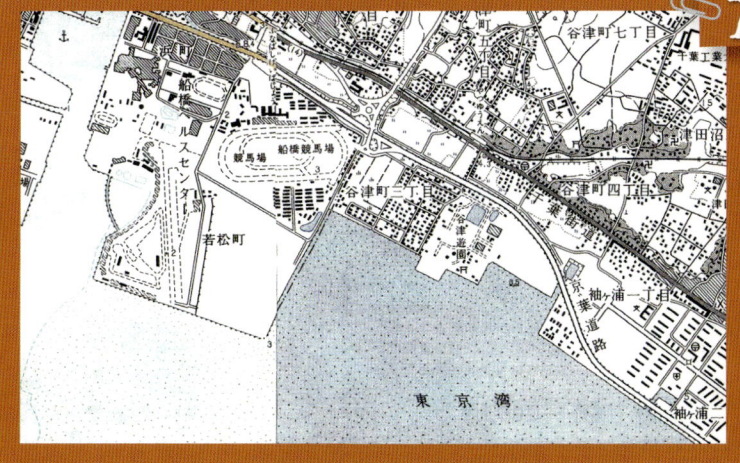

船橋ヘルスセンター、谷津遊園といった、懐かしいレジャー施設が見える地図である。これに加えて、船橋競馬場があり、かつての船橋周辺が多くのレジャー客でにぎわったことがわかる。その後、京葉道路の南側に湾岸道路、東関東自動車道が開通、京葉線が開業し、船橋競馬場の南側に南船橋駅が誕生した。また、船橋オートレース場も生まれている。京成本線上には、船橋競馬場、谷津遊園(現・谷津)駅が置かれている。京葉線、東関東自動車道が走る、南船橋駅東側には、東京湾の一部が「谷津干潟」として残されている。

ふたまたしんまち・みなみふなばし・しんならしの

海浜幕張・検見川浜・稲毛海岸

美浜区に海浜幕張、検見川浜、稲毛海岸
幕張メッセ、海浜ニュータウンの玄関口

海浜幕張駅（現在）
平成25（2013）年にリニューアルされた海浜幕張駅。JR東日本で三番目の「エコステ」に生まれ変わった。

開業日の稲毛海岸駅（昭和61年）
撮影：荻原二郎
昭和61年3月3日京葉線の西船橋～千葉港（現・千葉みなと）間暫定開業により京浜東北・根岸線から低運転台の103系が転入し活躍を始めた。

検見川浜駅北口（現在）
相対式ホーム2面2線をもつ高架駅となっている検見川浜駅。京成バス、千葉海浜交通などの路線バス乗り場は、この北口側にある。

稲毛海岸駅南口（現在）
稲毛海浜公園の最寄り駅で、千葉の海をイメージした青い波模様が描かれている稲毛海岸駅のモダンな駅舎。

　千葉市の海側に広がる美浜区には、海浜幕張、検見川浜、稲毛海岸という京葉線の3駅が存在する。

　最初の海浜幕張駅は、昭和61（1986）年3月に開業している。幕張メッセ、QVCマリンフィールドなどがある幕張副都心の最寄り駅であり、国際的なイベントや野球試合の開催時には大いに賑わう。所在地は美浜区ひび野2丁目で、「ひび野」の地名は、海苔養殖漁業で海中に差した「ひび」に由来する。

　次の検見川浜駅には、花見川の橋梁を越えると間もなく到着する。海浜幕張、稲毛海岸駅などと同じく、昭和61年3月、旅客線としての京葉線が西船橋～千葉貨物ターミナル間で開業したときに開業している。駅所在地は東京湾埋立地の美浜区真砂4丁目で、既に総武線に新検見川駅、京成千葉線に検見川駅が存在していたため、「検見川浜」の駅名とされた。

　稲毛海岸駅は、これまでの2駅に比べると京成線の京成稲毛駅、総武線の稲毛駅とは比較的近い距離にある。所在地は美浜区高洲3丁目で、駅の北側には「稲毛海岸」の地名が存在する。また、当初は「新稲毛」の駅名も候補に上っていた。現在では、海浜ニュータウン稲毛地区の玄関口となっている。駅の南には、プールや野球場をもつ稲毛海浜公園がある。

海浜幕張

開業年	昭和61(1986)年3月3日
所在地	千葉市美浜区ひび野2－110
キロ程	31.7km(東京起点)
駅構造	高架駅
ホーム	2面4線
乗車人員	59,515人

検見川浜

開業年	昭和61(1986)年3月3日
所在地	千葉市美浜区真砂4－2－1
キロ程	33.7km(東京起点)
駅構造	高架駅
ホーム	2面2線
乗車人員	15,365人

稲毛海岸

開業年	昭和61(1986)年3月3日
所在地	千葉市美浜区高洲3－24－1
キロ程	35.3km(東京起点)
駅構造	高架駅
ホーム	2面2線
乗車人員	21,771人

海浜幕張付近のE257系500番代「わかしお」(平成17年)
かつて房総東線と名乗った外房線を目指す特急「わかしお」。昭和47年に運行を開始して以来、ルートの変更はあったものの40年余りに渡り、東京と太平洋の大海原を結んでいる

撮影：小川峯生

検見川浜付近の209系500番代(平成25年)
京浜東北・根岸線から4編成が順次転入してきた車両である。平成20年より運行を開始。E233系投入により3編成が8両編成として武蔵野線に転用された。

検見川浜付近のEF210タンク車(平成25年)
京葉線は当初、京葉臨海地区と京浜工業地帯、および武蔵野線を経由して関東内陸部を結ぶ首都圏貨物輸送のメインルートとなる貨物専用線として計画された。

見所スポット

幕張海浜公園
幕張新都心と幕張ベイタウンの間に広がる千葉県立公園。日本庭園「美浜園」や大芝生公園、出会いの広場などがある。

美浜大橋
花見川に架かる、カモメのオブジェが目印の橋。検見川の浜、東京湾が一望でき、夕景(サンセット)の美しさで知られる。

古地図探訪
昭和42年／稲毛海岸駅付近

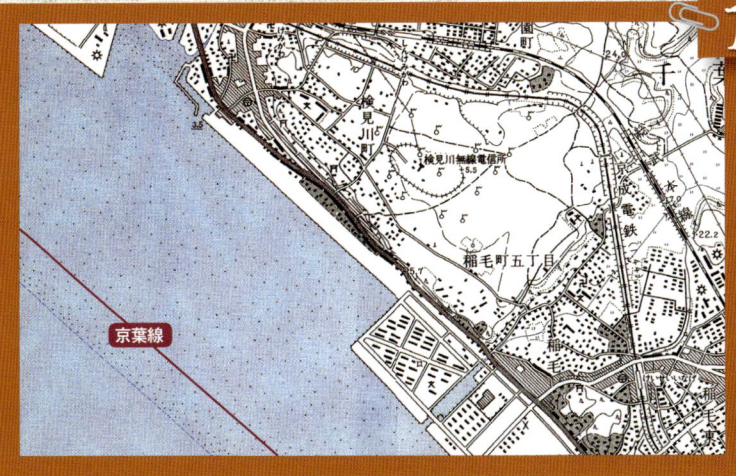

千葉街道(国道14号)が走っている稲毛付近の海岸線は、はるか沖合に後退し、広大な埋め立て地が誕生している。そこに京葉線が通り、検見川浜、稲毛海岸駅が置かれている。この地図上では、総武線の新検見川駅、京成千葉線上に検見川駅、京成稲毛駅が見え、京成稲毛駅の東側、地図からははみ出した位置に総武線の稲毛駅がある。また、地図の中央付近からは、湾岸道路などと分かれた東関東自動車道が宮野木ジャンクション方面に延びている。地図の上(北側)に見えるのは、花見川の河口である。

ちばみなと・そが

千葉みなと・蘇我

千葉港、市役所の最寄り駅・千葉みなと
蘇我駅は房総方面、外房、内房線と連絡

千葉みなと

開業年	昭和61（1986）年3月3日
所在地	千葉市千葉区千葉港1－1－1
キロ程	39.0km（東京起点）
駅構造	高架駅
ホーム	2面3線
乗車人員	15,561人

蘇我

開業年	明治29（1896）年1月20日
所在地	千葉市中央区今井2－50－2
キロ程	43.0km（東京起点）
駅構造	地上駅（橋上駅）
ホーム	3面6線
乗車人員	31,931人

千葉みなと駅（現在）
高架駅で、駅舎は高架下に設けられている千葉みなと駅。千葉都市モノレール1号線との連絡駅となっている。

蘇我駅西口（現在）
現在は島式ホーム3面6線、橋上駅舎をもつ地上駅となっている蘇我駅。京葉線は真ん中の3・4番ホームを使用している。

千葉みなと駅のイベント列車（平成21年）
平成21年2月中旬、千葉みなと～木更津までC57-180牽引の「SL春さきどり号」とDE10が牽引してC57-180を最後尾に連結した「DL春さきどり号」が運転された。

蘇我付近のE331系（平成22年）
平成18年201系の置き換え目的として製造された連接車。1編成14両で構成されており平成19年に営業運転を開始したが定着せず、平成26年に廃車され形式が消滅した。

　昭和61（1986）年3月、京葉線の駅として開業した当時は「千葉港」駅だったが、平成4（1992）年3月に現在の「千葉みなと」駅に改称している。その間の昭和63（1988）年、京葉線の千葉港～蘇我間が延伸。平成7（1995）年には千葉都市モノレール1号線の駅が開業し、連絡駅となった。
　駅の所在地は千葉市中央区中央港1丁目であり、南側には千葉港（千葉中央地区）、千葉ポートタワー、千葉ポートパークが存在する。また、現在では千葉市役所、千葉中央郵便局、NHK千葉放送局などの最寄り駅となっている。
　さて、京葉線の起終点である蘇我駅は、房総鉄道（現・外房線）の駅として、明治29（1896）年に開業した古参駅

である。その後、房総鉄道は国有化され、木更津線（現・内房線）との連絡駅となり、さらに京葉臨海鉄道臨海本線とも接続するようになった。京葉線は昭和50（1975）年、蘇我～千葉貨物ターミナル間で貨物営業が始まり、昭和63年に旅客営業が開始された。
　蘇我駅の所在地は中央区今井2丁目であるが、駅の南側に蘇我1～5丁目の地域が広がる。この「蘇我」の地名、駅名は、蘇我1丁目にある蘇我比め神社に由来する。この神社は、日本武尊の妻である弟橘姫に従っていた蘇我大臣の娘を祀っている。かつては蘇我野村、蘇我町が存在し、昭和12（1937）年に千葉市に編入された。

京葉臨海鉄道（平成23年）
国鉄による出資が可能となって設立した部外投資会社の第1号。京葉コンビナートの操業開始に間に合わせるには、国鉄自身の敷設では速成が望めないため、第三セクターとして発足した。

蘇我付近の201系（平成22年）
E231系の新製投入により、総武・中央緩行線の201系のうち一部が京葉線に転入。カラーも103系と同様スカイブルーとされた。平成23年の引退により、首都圏から201系は消滅した。

外房線特急「わかしお」（平成21年）
外房沖の黒潮（若潮）に因み「わかしお」の称号が与えられた。写真はE257系500番代であり0番代は中央東線で活躍している。

内房線特急「さざなみ」（平成22年）
菜の花畑がよく似合う255系「さざなみ」。波穏やかな東京湾沿いを走ることで「さざなみ」を命名。

見所スポット

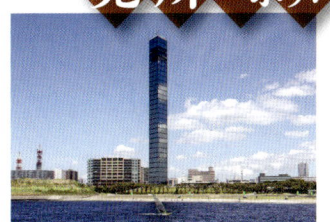

千葉ポートタワー
高さ125.15メートル、一辺の長さ15.12メートルの菱型の断面形状を有するハーフミラーのタワー。千葉ポートパークの一角に建つ。

千葉ポートパーク
中央区中央港1丁目に昭和61(1986)年に開園した。屋外ステージにある円形芝生広場、人工海岸などの施設がある。

古地図探訪
昭和42年／蘇我駅付近

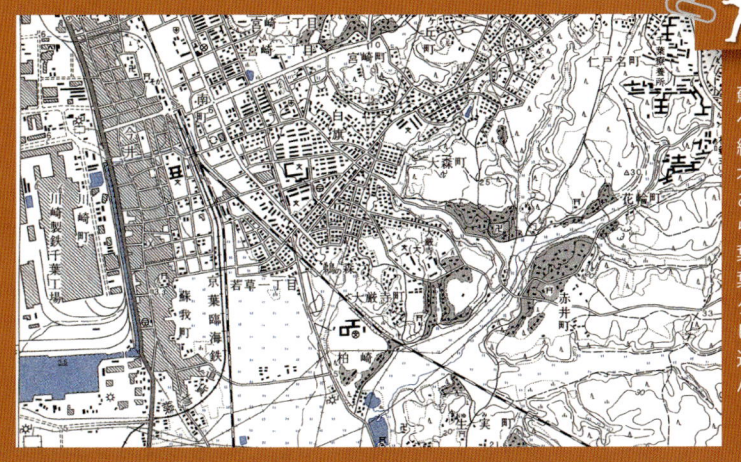

蘇我駅から南に3本の鉄道線が延びている。南東への房総東（現・外房）線、南への房総西（現・内房）線、そして海岸側への京葉臨海鉄道貨物線（臨海本線）である。一方、北に向かうのは現・外房線でこの時期にはまだ、京葉線は開業していない。さらに現在は、東側の大森町、花輪町方面に京成千葉線が通っている。駅の西側にあった川崎工場千葉工場の跡地には現在、蘇我スポーツ公園、フクダ電子アリーナ、フクダ電子スクエアなどが誕生している。また、現在は地図中央付近を通る京葉道路の東側、大巖寺付近に淑徳大学の千葉キャンパスができている。

生田 誠（いくた まこと）

昭和32年生まれ。東京大学文学部美術史学専修課程修了。産経新聞東京本社文化部記者などを経て、現在は地域史・絵葉書研究家。絵葉書を中心とした収集・研究を行い、集英社、学研パブリッシング、河出書房新社、彩流社、アルファベータブックス等から著書多数。

【写真提供】
伊藤 昭、伊藤威信、上原庸行、大庭幸雄、小川峯生、荻原二郎、川島俊彦、小林兵之助、さいとう写真館、杉﨑行恭、高橋義雄、手塚博禮、矢崎康雄、山田虎雄
市川市文学ミュージアム、船橋市、習志野市、四街道市、佐倉市、匝瑳市、山武市、銚子市

【絵葉書提供】
生田 誠（特記以外）、柏木崇人

錦糸町駅付近の市川行き101系電車（昭和44年）撮影：矢崎康雄

総武線・京葉線　街と駅の1世紀

発行日 ……………… 2015年7月5日　第1刷　※定価はカバーに表示してあります。

著者 ……………… 生田 誠
発行者 …………… 佐藤英豪
発行所 …………… 株式会社アルファベータブックス
　　　　　　　　　〒102-0072　東京都千代田区飯田橋 2-14-5 定谷ビル 2 階
　　　　　　　　　http://ab-books.hondana.jp/
　　　　　　　　　・本書内容についてのお問い合わせは、下記までお願いいたします。
　　　　　　　　　【メール】henshuubu@photo-pub.co.jp　【TEL】03-5988-8951
編集協力 ………… 株式会社フォト・パブリッシング
装丁・デザイン・DTP … 古林茂春（STUDIO ESPACE）
印刷・製本 ……… モリモト印刷株式会社

ISBN 978-4-86598-802-4
本書は日本出版著作権協会（JPCA）が委託管理する著作物です。
複写（コピー）・複製、その他著作物の利用については、事前に JPCA（電話 03-3812-9424、e-mail:info@jpca.jp.net）の許諾を得てください。なお、無断でのコピー・スキャン・デジタル化等の複製は著作権法上での例外を除き、著作権法違反となります。